COORDENAÇÃO EDITORIAL
Walkiria Almeida

AS INCRÍVEIS

© LITERARE BOOKS INTERNATIONAL LTDA, 2022.
Todos os direitos desta edição são reservados à Literare Books International Ltda.

PRESIDENTE
Mauricio Sita

VICE-PRESIDENTE
Alessandra Ksenhuck

DIRETORA EXECUTIVA
Julyana Rosa

DIRETORA DE PROJETOS
Gleide Santos

RELACIONAMENTO COM O CLIENTE
Claudia Pires

EDITOR
Enrico Giglio de Oliveira

ASSISTENTE EDITORIAL
Luis Gustavo da Silva Barboza

REVISÃO
Ivani Rezende

CAPA
Victor Prado

DESIGNER EDITORIAL
Lucas Yamauchi

IMPRESSÃO
Gráfica Paym

Dados Internacionais de Catalogação na Publicação (CIP)
(eDOC BRASIL, Belo Horizonte/MG)

I36 As incríveis: histórias de mulheres que deram a volta por cima e fizeram acontecer / Coordenação Walkiria Almeida. – São Paulo, SP: Literare Books International, 2022.
216 p. : il. ; 16 x 23 cm

Inclui bibliografia
ISBN 978-65-5922-375-6

1. Mulheres – Condições sociais. 2. Crônicas brasileiras. I.Almeida, Walkiria.

CDD B869.3

Elaborado por Maurício Amormino Júnior – CRB6/2422

LITERARE BOOKS INTERNATIONAL LTDA.
Rua Antônio Augusto Covello, 472
Vila Mariana — São Paulo, SP. CEP 01550-060
+55 11 2659-0968 | www.literarebooks.com.br
contato@literarebooks.com.br

SUMÁRIO

5   PREFÁCIO
       Paula Rotta Assis

7   QUEM CANTA SEUS MALES ESPANTA: ENTRE SONHOS E EMOÇÕES
       Walkiria Almeida

17   EU SOU INFINITAS POSSIBILIDADES
       Ana Paula Costa

27   A JORNADA EXTRAORDINÁRIA DA EXISTÊNCIA
       Ana Paula de Jesus Vieira

35   DEH VANGLIOLI
       Andréa Ambrózio

43   A INCRÍVEL MENINA—MULHER
       Arilza Moraes Moura Reis

53   MINHA TRAJETÓRIA: EU SOBREVIVI
       Cássia Cristina da Silva

59   VENCENDO SUAS PRÓPRIAS BARREIRAS PARA SER FELIZ
       Cibele Ortega dos Anjos

67   QUAIS SÃO OS DESEJOS DO SEU CORAÇÃO?
       Denise Izidorio

75   QUEM JUSTIFICA, NÃO CRESCE: A FORÇA DE EDNA COMO FONTE DE INSPIRAÇÃO E EMPREENDEDORISMO
       Edna Alexandrina dos Santos

83   SONHAR E REALIZAR
       Elídia Ribeiro

91   O SUCESSO É RELATIVO, PERMITA-SE!
       Elizabeth Silva

99   SONHOS DE UMA NOVIÇA CURIOSA, INTUITIVA E DETERMINADA: FAÇA ACONTECER
Eneida Gonçalves Mastropasqua

107   A ESPIRITUALIDADE E SUA CONTRIBUIÇÃO NA SUPERAÇÃO DA DEPRESSÃO
Eunice Teodora

117   INCRIVELMENTE MATERNA
Fernanda Diniz de Oliveira Campos

125   NOVA ERA E SAÚDE MENTAL
Karina Picon

133   OS 5 A'S DA ESTIMA
Laisy Guedes

141   QUEM QUER O QUE NUNCA TEVE FAZ ALGO NOVO TODOS OS DIAS
Larissa Sonsin

149   RETRATOS DA MINHA VIDA
Madima Oliveira

157   TRATAR O OUTRO COMO GOSTARIA QUE TRATASSEM A SI MESMO
Marcela Hosne Ardito

163   NUNCA SUBESTIME O PODER DE UMA MULHER
Mariane Nava

171   A IMPORTÂNCIA DA ESPIADINHA PELO RETROVISOR
Nice Silva

179   UMA MENINA SONHADORA SE TORNOU UMA MULHER EMPODERADA E PROTAGONISTA DE SUA PRÓPRIA HISTÓRIA
Patrícia Santos

187   SONHE, ACREDITE E FAÇA!
Roberta Santos

195   MULHER, MÃE E EMPREENDEDORA: O QUE TE FALTA?
Suleima Omar

203   O VALOR DE SER DIFERENTE
Tatiane de Carvalho Andrade Vitorino

209   EM TODO DESAFIO HÁ UM APRENDIZADO
Valéria Maria Tonegutti Caruso

PREFÁCIO

Caro leitor (a),

sinto muito dizer que o livro que você tem nas mãos não é um guia de receitas mágicas para se ter uma vida feliz e próspera. Sabe aqueles livros que você degusta e termina com a vontade de fazer a mesma coisa, ou pelo menos, recebe um "despertar" para mudar de vida?

Nestas páginas existem altas doses de um "despertar", e tenho plena certeza de que, ao fim da sua leitura, sua alma estará alimentada de inspirações para acreditar que você também é uma mulher inspiradora.

A história sempre foi injusta com as mulheres. Em nossa cultura, quantas delas tiveram suas trajetórias ocultadas? Aqui você encontrará algumas mulheres tendo suas vidas contadas por elas mesmas; mulheres como eu e como você, que enfrentaram adversidades que poderiam tê-las paralisado, mas elas têm em comum algo lindo: a força de acreditar que tudo pode mudar!

A infelicidade persegue muitas pessoas, como se fossem ímãs que atraíssem desgraças. Entenda, aqui, que o que faz a diferença mesmo não é de onde você vem ou o que tem, é sobre como você interpreta o que a infelicidade te conta e como você age diante dela.

A ciência nos explica que se compreendermos plenamente o papel das emoções no processo da nossa transformação, podemos mudar a nossa realidade externa. E para acordar, alguns de nós, às vezes, precisamos de um "despertar".

Leia sobre mulheres que decidiram expor suas experiências para se curarem e transformarem vidas, se emocione e se inspire com relatos de superação dos mais variados obstáculos em busca da realização de sonhos e da conquista do mercado de trabalho.

Quando fui convidada pela professora Walkíria a prefaciar esta obra maravilhosa, fui tomada por uma emoção sem descrição. Poder participar de um projeto encantador e que eu tenho certeza de que transformará a vida de muitas pessoas, me deixa fascinada e conectada com meu propósito de vida.

Grata à Deus por sempre me colocar dentro desses projetos e poder indiretamente participar do seu processo de transformação.
Prepare-se para receber altas doses de inspiração!
Boa leitura!

Paula Rotta Assis

1

QUEM CANTA SEUS MALES ESPANTA
ENTRE SONHOS E EMOÇÕES

O canto sempre fez parte da minha vida desde a minha infância. Quando estou cantando ou ouvindo música, sinto-me leve, relaxada, feliz e esqueço os problemas. Cantar tem uma potente ação analgésica, reduz o estresse, melhora a capacidade pulmonar e o sistema cardiovascular. Enfim, o ato de cantar contribui com a saúde física, emocional e libera os hormônios do bem-estar.

WALKIRIA ALMEIDA

Walkiria Almeida

Contatos
w_almeida35@hotmail.com
LinkedIn: https://bit.ly/3x8ObyL
Lattes: https://bit.ly/3uaD9am
Instagram: @wa.educorp

Mestre em Administração com concentração em Gestão Internacional pela Escola Superior de Propaganda Marketing (ESPM). Mais de 30 anos de experiência como secretária executiva de presidência e diretoria. Palestrante nacional e internacional (1º Fórum Internacional de Secretariado, em Moçambique). Docente na FMU, no curso de Secretariado Executivo Trilíngue. Diretora da WA – Educação Corporativa e New Consultoria Jobhunter, Headhunter e Mentoria. Coordenadora, autora e coautora de algumas obras: *Competências dos profissionais de secretariado em diferentes empresas* (2017); *Recepção, atendimento e técnicas secretariais* (2020); *Excelência no secretariado* (2013/2021); *O futuro do secretariado: educação e profissionalismo* (2019); e *Meu cliente subiu no telhado... E agora?* (2021), esses três últimos publicados pela Literare Books.

Nunca subestime a importância que você pode ter, porque a história nos mostra que a coragem pode ser contagiosa e a esperança pode ter vida própria.
MICHELLE OBAMA

Por que o canto me encanta?

Na minha infância, sempre gostei de ouvir canções no rádio e adorava ver a minha mãe cantarolando enquanto fazia as atividades do lar. E foi assim que comecei a nutrir o sonho de ser cantora.

Nasci em uma família católica e comecei a exercitar o canto durante a missa. Posteriormente, formamos um grupo que cantava em festivais católicos.

Nessa época, eu era extremamente tímida e, por esse motivo, cantava somente se estivesse sem óculos (eu tinha 3 graus de miopia). Sem enxergar a plateia, eu conseguia me apresentar muito bem.

Nutrindo um grande amor pela música, eu me inscrevi para cantar no coral da Santista, empresa que atuei por 16 anos. Viajei com os integrantes desse coral em apresentações nas cidades de Parati, Angra dos Reis, entre outras. Aprendi muito durante a minha participação nesse coral.

Família

Sou a terceira filha de uma família humilde, que morava em um bairro da Zona Norte de São Paulo. Mesmo com muitas dificuldades, conseguimos concluir os estudos. Meus pais, Maria David de Almeida e Anibal Gomes de Almeida (em memória), não mediram esforços para que pudéssemos ter a oportunidade de ter conhecimento e, consequentemente, uma profissão. Eles guiaram os meus primeiros passos na educação.

A opção do casamento

Eu priorizei os meus estudos e o trabalho, ou seja, o meu desenvolvimento profissional.

Aproveitei muito a vida de solteira; viajei para vários estados do Brasil e para o exterior.

Namorei, conheci pessoas especiais, mas a decisão de me casar e dividir o mesmo teto com alguém só chegou aos 35 anos. Em nenhum momento eu me arrependi de ter esperado. Fiquei casada por 10 anos no primeiro casamento e, há 16 anos, tenho um companheiro generoso, alegre e de bem com a vida. Orlando me incentiva e me apoia em qualquer situação, uma pessoa maravilhosa.

Ser mãe: "nunca é tarde para sonhar"

Assumir a maternidade aos 42 anos também foi uma das minhas melhores e mais difíceis escolhas. Sempre gostei de crianças e ser mãe seria a realização de mais um sonho. Muitas pessoas me encorajaram, outras me desmotivaram em função da idade e dos possíveis riscos que eu correria. Ouvi e respeitei todas as opiniões, mas me concentrei na mensagem do meu coração que dizia "vá em frente, porque o seu momento chegou!".

Em janeiro de 2001, nascia a minha linda filha Maria Witória. O nome escolhido pode explicar tudo. A partir daquele momento eu me tornei uma pessoa mais feliz, alegre e vibrante. Mesmo com a separação do casamento, eu permaneci focada em ser uma excelente mãe e a me dedicar integralmente para educar aquela princesa, da melhor forma possível. Posso afirmar que ser mãe é algo mágico.

A entrada no mundo corporativo

A minha entrada no mundo corporativo foi uma experiência inusitada. Com 17 anos, comecei a procurar colocação no mercado de trabalho e, após andar muito e "gastar sola de sapato" (nessa época não tínhamos internet e os currículos eram entregues em mãos ou pelos Correios), consegui um emprego em uma renomada fábrica de roupas, mas a contratação seria para trabalhar no setor de costura.

No primeiro momento, fiquei assustada porque não entendia nada desse ofício. Porém, devido a problemas financeiros familiares, eu não podia recusar esse trabalho. Contudo, para a minha surpresa e sorte, em função da minha ótima letra e saber "datilografia", fui encaminhada para atuar no departamento pessoal.

Nessa empresa, tive a primeira oportunidade de trabalhar em um escritório. É válido comentar que no primeiro dia de trabalho, na hora do almoço, fui para o refeitório almoçar e, para a minha tristeza, alguém havia roubado a minha marmita, mas como Deus é bom o tempo todo, um anjo dividiu comigo o seu almoço. Quantas experiências!

Em 1976, resolvi iniciar as minhas atividades profissionais na Santista Alimentos, hoje conhecida como Bunge Alimentos. Meu primeiro cargo nessa empresa foi de auxiliar de escritório, mas eu já estudava secretariado técnico e sonhava em ser uma secretária executiva.

Na vida, sempre encontramos "anjos" que nos ajudam a alcançar os nossos objetivos. Meu primeiro anjo foi Neusa Arneiro, que me ensinou muito sobre a arte de secretariar.

Construí uma carreira promissora na Santista, de auxiliar de escritório, tornei-me secretária de gerência, diretoria e presidência da Petybon. Conheci pessoas competentes e especiais, mas é válido destacar mais um anjo na minha vida, Vicente Genícola Júnior. Trabalhei com esse executivo por muitos anos, aprendi muito sobre a parte técnica, mas conheci também seu lado humano e generoso. Posso afirmar, absolutamente, que ele foi uma das pessoas que mais me incentivou a crescer profissionalmente. Vicente é um grande amigo e um dos melhores exemplos que eu tive na vida.

Além da Santista, atuei em um táxi aéreo e na construção civil. Em cada empresa, me desenvolvi na parte técnica e aprendi sobre as especificidades daquele segmento. Nesse contexto, evidencio que a minha trajetória no secretariado foi muito produtiva, rica e encantadora. Tive problemas? Sim, e muitos, mas procurei fazer com um limão muitas limonadas.

Sempre tive responsabilidade com a profissão de secretariado e, por isso, participava de eventos e palestras da área. Fiz parte da Associação de Secretárias e Secretários do Estado de São Paulo (ASSESP) e continuei após a fundação do Sindicato das Secretárias do Estado de São Paulo (SINSESP). Fui atuante a distância, porém, em 1993, resolvi integrar a diretoria dessa entidade. Estou nesse movimento sindical há mais de 30 anos e tenho muito orgulho da profissão que eu escolhi.

A eterna busca do conhecimento

Fiz o fundamental em escola pública e o técnico em uma escola particular. Escolhi fazer o curso de Letras porque, na época, não localizei graduação em secretariado.

Costumo dizer que Deus gosta muito de mim e posso provar. Em 2008, ganhei uma bolsa de estudos no curso de pós-graduação com especialização em gestão empresarial. Já em 2012, fui agraciada por outra bolsa, mas dessa vez para o mestrado. Posso dizer que tive a ajuda de mais um anjo, chamado Felipe Borini. Ele foi um grande incentivador e responsável pela minha oportunidade na ESPM ao realizar o mestrado em Administração com concentração em gestão internacional.

Durante o mestrado, tive muitas tribulações: falecimento da minha mãe, demissão da faculdade em que eu lecionava há 13 anos, ganho excessivo de peso, conflitos familiares em função de me ocupar somente com os estudos, enfim, muitos problemas. Mas foi também um divisor de águas na minha vida.

Hoje, olhando para o passado, posso afirmar que ser mestre em administração foi uma das minhas melhores escolhas profissionais.

Fase docente: sonho, trabalho árduo e muito estudo

No decorrer da minha trajetória, na Santista/Bunge, ouvi várias vezes pessoas dizendo que eu tinha "jeito de professora", porque tinha didática para treinar assistentes e estagiárias de secretariado. Comecei a pensar sobre tudo isso e um dia resolvi me candidatar a uma vaga no Colégio Nossa Senhora da Lapa. Depois dessa escola, fui para algumas unidades do Senac. Foi uma experiência de muito aprendizado.

Em 2001, fui ministrar uma palestra na Fundação Escola do Comércio Álvares Penteado (Fecap) e, após esse evento, fui contratada para lecionar na graduação. Na época, eu não tinha pós-graduação e especialização, tampouco mestrado. Mas, como tudo na vida tem dois lados, eu tinha a meu favor muitos anos de experiência na área, muita vontade de lecionar e amor pelo secretariado. Concorri com três professoras que possuíam o mestrado e fui aprovada.

Trabalhar em uma renomada instituição de ensino foi um divisor de águas na minha vida. Além de lecionar na graduação, ajudei a montar o primeiro curso de pós-graduação dessa mesma universidade, em que fui convidada para lecionar uma disciplina. Fiquei na Fecap durante 13 anos. Lecionei também na Ítalo Brasileira, na UNIP, na Sumaré e na ETEC Albert Einstein.

Em 2018, fui convidada pela Faculdades Metropolitanas Unidas (FMU) para lecionar no curso de Secretariado executivo. Estar em sala de aula é uma realização e motivo de orgulho. Acredito que quando nascemos trazemos conosco uma missão e a minha certamente é lecionar. Tenho muito respeito e admiração pelos estudantes e procuro utilizar empatia para entendê-los melhor.

Minha paixão por livros

Sempre gostei de ler vários estilos de livros. Tenho um gosto eclético para leitura.

Por muitos anos, eu mantive o sonho de escrever um livro, mas a cada ano aquele desejo parecia mais longínquo. Contudo, como o universo conspira de acordo com os nossos desejos e a nossa determinação, em 2013, fui convidada para escrever um capítulo no livro *Excelência no Secretariado*. No primeiro momento, senti medo e insegurança, mas eu não imaginava como escrever seria desafiador e apaixonante. O resultado foi satisfatório.

Já em 2017, após a defesa do mestrado, resolvi escrever um livro digital sobre a minha dissertação e confesso que já foi mais fácil ordenar as ideias.

Em 2018, durante o curso preparatório de docência na área de secretariado, minha parceira, Bete D´Elia, e eu resolvemos organizar e escrever um livro que reunisse assuntos sobre a profissão de secretariado e a docência, como um plano A ou B. O nosso objetivo principal era formar pessoas para estarem em sala de aula e, com isso, valorizar mais essa profissão tão importante no cenário corporativo.

Foi um grande desafio lançar um projeto literário, com 24 capítulos e 26 autores. Mas com muito profissionalismo, respeito e amor, conseguimos lançar *O futuro do Secretariado: educação e profissionalismo*, em maio de 2019, na Livraria Cultura do Shopping Iguatemi.

Já no final de 2019, fui convidada pelo Senac para escrever um livro sobre atendimento, recepção e técnicas secretariais. O trabalho demandou muitas pesquisas em diversos temas, mas o resultado foi muito positivo. O livro *Recepção, atendimento e técnicas secretariais* foi lançado em dezembro de 2020. Posso afirmar que esse projeto exigiu muita dedicação e disciplina. Passei nove meses entre pesquisa e escrita.

A minha paixão por escrever e organizar livros estava aguçada, então resolvi levar a sério o meu sonho. Convidei uma parceira e amiga muito querida, Cláudia Avelino, para estar comigo nesse novo projeto.

Em janeiro de 2021, lançamos, de forma on-line, um livro de atendimento ao cliente com um nome bem sugestivo *Meu cliente subiu no telhado... E agora?*. Essa obra reúne assuntos importantes dentro de alguns segmentos de mercado. Tivemos a honra de dividir esse trabalho com autores apaixonados pela arte de atender. Contamos com a adesão de 31 autores para esse projeto. Finalmente, o meu sonho se tornou realidade.

Minhas habilidades de empreendedora

Muitas vezes, não imaginamos o nosso potencial. Na minha atuação como profissional de secretariado, procurei acreditar na minha competência e profissionalismo, mas quando comecei a experimentar o empreendedorismo, concluí que deveria valorizar as minhas aptidões e talentos.

Em 1992, tive a primeira experiência por meio de uma prestadora de serviços: escola de informática e cursos administrativos. Mesmo tendo alguns problemas com os sócios, não perdi o foco, tampouco a vontade de continuar o meu desenvolvimento nessa área.

Acredito que empreendedorismo é algo contagiante. Quando você inicia, não consegue parar mais. Eu me tornei palestrante e facilitadora de cursos. Empreendi com Bete D´Elia um curso de docência. Fui consultora em algumas empresas, estruturando e treinando equipes de atendimento.

Alguns dizem que sou uma vendedora nata, mas tenho certeza de que toda conquista exige muito trabalho, competência, disciplina e paixão. Em síntese, o empreendedorismo está na minha veia.

Experiência internacional

No início de 2019, fui surpreendida por um convite que mudaria a minha vida. Sérgio Paiva, representante do Comitê de Secretariado de Moçambique, me localizou nas redes sociais e fez uma proposta maravilhosa para realizar uma das palestras no I Fórum Internacional de Secretariado desse país. Fiquei honrada e aceitei mais esse desafio.

Foi uma experiência maravilhosa ter participado de um evento em outro continente, conhecer uma nova cultura e palestrar para profissionais de secretariado de Moçambique.

Durante a minha estada no país, percebi o potencial e a sede de conhecimento desses profissionais. Enfim, minha primeira palestra internacional teve sabor de vitória e fez toda a diferença na minha carreira. Deixo aqui meu agradecimento a Sérgio Paiva por ter me proporcionado momentos tão significativos.

Conclusão

Após escrever este capítulo, pude compreender muitos pontos essenciais na minha trajetória e missão de vida. Agradeço às pessoas especiais que fazem parte da minha história. Alguns foram citados neste capítulo, outros não, mas todos foram e continuam sendo importantes na minha vida.

Só me resta uma palavra para encerrar esse trabalho: gratidão!

Citando Roberto Carlos: "se chorei ou se sorri, o importante é que emoções eu vivi".

2

EU SOU INFINITAS POSSIBILIDADES

É possível que pessoas que vivenciaram situações desafiadoras e escolheram escrever uma nova história, ressignificando seu passado e recriando o presente, se identifiquem com este capítulo. O foco aqui é entender o que pode impactar na vida e nos comportamentos e influenciar nas vitórias e nas derrotas. Além de perceber como a determinação proporciona força suficiente para tornar tudo possível.

ANA PAULA COSTA

Ana Paula Costa

Contatos
guiadaalma.com.br/terapeuta/ana-costa/
anacosta.infinitas@gmail.com
Instagram: @anacostainfinitas
21 99844 6117

Terapeuta energética. Autora dos e-books *Infinitas possibilidades* e *A energia do amor*. Colaboradora do site "O Segredo" (disponível em: https://osegredo.com.br/author/ana-paula-costa/). Terapeuta espiritual (2021), com formação em Desprogramação Neurobiológica (DNB), em 2021 (Os Meninos da Consciência); Clube do cocriador, DNA cura quântica e Holo cocriação, em 2019 e 2020 (Elainne Ourives); Consteladora Familiar Sistêmica, em 2019 (Instituto Silca Malutta); Terapeuta de florais, em 2019 (Zen Viver Terapias); Ho'oponopono, em 2019 (Beth Russo e Regina Tavares); Método Fênix, em 2018 (Fundação Brasileira de Inteligência Emocional); *Practitioner* de *Barras de Access Consciousness*, em 2017 (Instituto Mundo Holístico) e em 2018 (Guedes Terapias); Metafísica da Prosperidade, em 2018 (Raquell Menezes Treinamentos); PNL, em 2018 (Inap); Reikiana níveis 1 e 2, em 2018 (Espaço Consciência do Ser); *Coach* Holístico, em 2018 (Portal Desperta Luz) e *Coach* Integral Sistêmico, em 2016 (Febracis).

Eu sou infinitas possibilidades de construir uma vida incrível!

Naquela manhã, Nina acordou triste e sem vontade de viver. Estava prestes a completar 35 anos, desempregada, com um filho de 6 anos para criar, o marido a abandonou para viver com uma mulher mais jovem, o dinheiro de uma magra poupança chegava ao fim, os boletos já se acumulavam e ela se sentia perdida. Não tinha irmãos, o pai faleceu quando tinha 4 anos, a mãe – depressiva e amarga pelas circunstâncias que viveu – morava em outra cidade. Nina se sentia feia, sem forças para reagir, nem sequer queria sair de casa. Ela tinha vontade de morrer. Nada lhe trazia alegria, pois se sentia fracassada. Não via saída.

Seu lindo filho Rafael era um menino alegre, mas nem olhar para ele a fortalecia, pois ela só pensava: como vou fazer para criar esse menino, se não dou conta nem de mim?

Ao final do dia, foi buscar seu filho na escola. Cecília, mãe de um amiguinho de Rafael, a cumprimentou e fez um convite para que o deixasse participar do aniversário de Felipe, durante um final de semana, na casa de campo da família. Nina a princípio negou, mas o filho estava tão animado para passar dias divertidos – o que a fez pensar que poderia ser bom para ele, e ela poderia ficar jogada na cama o final de semana todo, sem precisar dar conta das demandas que um filho impõe – que, como já conhecia Cecília, ficou de pensar.

Cecília notou que Nina estava abatida e perguntou se ela estava precisando de algo. Nina apenas se limitou a dizer:

— Estou passando um momento muito difícil... Sem trabalho, sem marido, sem família para poder contar, sem ninguém.

Cecília percebeu que aquilo era um pedido de ajuda, mesmo Nina não querendo expor seus problemas. E então respondeu:

— Lembre-se de que sempre você tem a Deus! Você é filha de Deus, e Ele não quer que seus filhos sofram. Você é um pedaço da Centelha divina, é uma partícula de Deus. Clame por ele e ele te ajudará. Você não está sozinha! Amanhã é outro dia. Deus nos dá sempre o amanhecer para que possamos lembrar que a vida recomeça todos os dias.

Nina sentiu que aquelas palavras chegavam ao seu coração, mas ao mesmo tempo um sentimento de negação a fazia pensar que aquilo eram apenas teorias de uma mulher que pertencia a alguma igreja. Nina já tinha perdido tudo, inclusive a fé.

Decidiu deixar o filho passar o final de semana com os amigos, pois estava sem vontade para nada, só queria se isolar e não ver ninguém.

Pela manhã, levou o filho para a casa de Cecília e voltou para a sua casa. Caiu em prantos, precisava colocar aquela dor para fora, e assim ficou por muito tempo. Até que se lembrou das palavras de Cecília e clamou a Deus. Pediu ajuda, suplicou por uma luz, um sinal, pois não sabia o que fazer.

Após orar e clamar pela ajuda do Divino, se acalmou. Foi então distrair um pouco a cabeça navegando pela internet. Deparou-se com uma terapeuta em um vídeo sobre relacionamentos no Instagram. Achou interessante. Ela sempre teve interesse em terapias energéticas, psicologia e estudos da mente em geral.

Assistiu ao vídeo até o final e começou a seguir a tal terapeuta, com a qual ela havia se identificado, então viu que haveria um sorteio de uma terapia em três etapas. No coração de Nina, acendeu uma luzinha de esperança. Ela se inscreveu, meio descrente, afinal, nunca ganhara nada na vida. Mas parece que a sorte resolveu ser generosa naquele dia, e Nina foi sorteada. Finalmente uma alegria! Uma vitória!

A terapeuta Sophia fez contato, e Nina queria agendar as sessões imediatamente, o que não foi possível, gerando um sentimento de frustração nela, que se acostumara a nada dar certo. Conseguiu agendar a primeira sessão, que seria on-line, já que Sophia era de outro Estado, para a próxima segunda-feira em um horário que Rafael estivesse na Escola. Mesmo com pensamentos sabotadores, como "terapia on-line não deve funcionar", "coisas de graça não prestam" ou "será que devo me sujeitar e me expor a um atendimento desses?", Nina resolveu deixar fluir. Logo, se deu conta de que, quando orou a Deus, clamou por uma luz, uma direção, ganhou o sorteio – e isso poderia ser um sinal.

Na segunda-feira no horário marcado, a terapeuta Sophia ligou para Nina em uma videochamada. Ela se sentia animada, apreensiva, insegura, com medo e curiosa, uma salada de sentimentos. A primeira sessão foi um mapeamento para a terapeuta conhecê-la melhor e entender os pontos a serem trabalhados nas sessões posteriores. Nina tinha o hábito de se autossabotar e de julgar os outros e a si mesma, o tempo todo.

A terapeuta, no início da sessão, fez a pergunta-chave: "Quem é a Nina?". Nina se sentiu desconfortável com aquela pergunta. Como poderia ela se autodefinir? Gaguejou, engasgou e teve dificuldade em responder logo a primeira pergunta. Assim, já lhe caía a primeira ficha: eu não sei nem quem sou eu de verdade.

E é isso que a terapia faz com qualquer pessoa: desenvolve a capacidade de pensar, de trabalhar o autoconhecimento e de mexer nas feridas internas, pois só é possível curar aquilo que você enfrenta.

Vendo a dificuldade de Nina, desenrolou a sessão fazendo perguntas poderosas sobre todos os pilares da vida dela: como era sua vida familiar, como foi sua infância, como era o relacionamento com os pais, como se desenvolveu sua vida profissional, como era sua vida social, sua saúde, seus relacionamentos afetivos, como lidava com o dinheiro, como encarava a vida.

Nina foi explanando sobre sua vida, suas frustrações, seus medos e culpas, foi aí que a terapeuta lhe fez uma sugestão: pergunte-se – "O que eu não estou sendo, fazendo, criando ou gerando que, se eu fizesse, mudaria tudo imediatamente?"

A pergunta deu um nó na cabeça de Nina. Pois ela se julgava vítima do sistema, do governo, das circunstâncias, e considerava que nada que fizesse poderia mudar a sua situação.

Inicialmente a intenção era de trazer à Nina uma autorresponsabilidade pela vida que estava vivendo: até quando ela continuaria interpretando o papel de vítima e abrindo mão de ser autora da própria história? Até quando ela ficaria se lamentando pelo que viveu e pelo que não viveu, em vez de tomar novas atitudes e obter novos resultados? O que ela, de fato, poderia fazer de diferente para alcançar uma vida melhor?

Aquela primeira sessão serviu para que Nina começasse a tomar mais ciência ainda do próprio caos geral e a pensar que, se ela não levantasse e tivesse a coragem de mudar, tudo ia continuar do mesmo jeito. De uma vez por todas, a vida dela tinha que mudar. Sophia a fez entender que o fundo do poço é um lugar ótimo. Dali não se pode descer ainda mais, então você tem que subir, focar na solução, pois ficar sentado no fundo do poço chorando e se lamentando não vai mudar aquela situação. É preciso agir e reagir, essa responsabilidade é sua, já não há mais tempo de encontrar culpados, o seu bem-estar é sua responsabilidade e de ninguém mais.

Naquele dia Nina começou a fazer novas escolhas para sua vida e aprendeu que, quando nos posicionamos com uma postura de nos fazer perguntas, nosso cérebro se abre para respostas diversas. Começou uma faxina, na casa e na mente de Nina, afinal, para dar lugar ao novo, era preciso se livrar do velho, do que não lhe servia mais.

Arrumou armários, gavetas, separou itens para doação e isso lhe trouxe uma boa sensação de leveza.

Tratou de cuidar da aparência e resolveu começar também uma reeducação alimentar. Precisava se sentir mais bonita. Sophia sugeriu que durante 21 dias praticasse o ho'oponopono, mantra de limpeza de memórias, e fizesse as orações do Arcanjo Miguel e da Limpeza profunda do DNA. Aquilo era muito novo para Nina. A prática dessas atividades fez com que Nina se sentisse melhor, mais forte e com mais coragem para enfrentar os desafios diários. Ela aprendeu que a vida não fica mais fácil, o que muda é a maneira como encaramos os fatos, e que estar em equilíbrio energético faz toda a diferença.

Nina havia começado o processo de mudança interna, pois só assim pode-se alcançar o sucesso.

Lembrou-se da frase da terapeuta: "O que você amaria fazer profissionalmente, que, se fosse rica, faria de graça?". Deixou seu coração falar mais alto e percebeu que gostava e sonhava em trabalhar como cabeleireira, montar um salão, empreendendo no próprio negócio.

Ela resolveu visitar os salões do seu bairro buscando uma oportunidade para adquirir experiência. Foram exaustivas semanas na tentativa de arrumar uma vaga. Ela desanimava e, quando se sentia sem forças, recorria às orações, mantras e decretos de cura para não desistir.

Usava também o mantra: "Tudo na vida vem a mim com total facilidade, alegria e glória". Esse ela repetia sempre para abrir os caminhos com novas energias positivas.

Após 3 semanas, ela recebeu uma ligação de um dos salões que visitou que precisava de uma auxiliar de cabeleireiro. Assim, Nina teve a oportunidade, não só de voltar ao mercado de trabalho, mas de aprender outras funções trabalhando com aquilo que desejava.

A vida estava progredindo de alguma forma, e ela se sentia feliz por deixar de ser vítima dos seus problemas e poder escrever uma nova história.

Em contrapartida, ela se sentia muito só. Sentia até falta do ex-marido, que, quando ela menos esperava, ressurgiu arrependido e querendo ver o filho que não via há quase um ano. Nina sentia raiva e repulsa, mas, ao mesmo tempo, ainda nutria algum sentimento por aquele homem. Ela o xingou, disse o quanto ele foi cruel em não dar nenhum tipo de assistência durante todo aquele tempo. Porém, mesmo contrariada, permitiu que ele tivesse acesso ao filho. Mas deixou bem claro que regularizaria na justiça as visitas e a pensão ao menino.

Jorge era um homem narcisista e egoísta. Estava numa situação econômica razoável e disse que ajudaria com as despesas do filho. Então, deu a ela algum dinheiro e partiu.

Aquela visita do ex-marido deixou Nina muito triste. A traição, a pouca valorização que ele lhe dava e a sensação de ainda nutrir algum sentimento por aquele homem a deixaram muito para baixo. Um misto de carência, frustração, raiva e o passado remoendo sua mente e seu coração pareciam sabotar toda aquela evolução que ela havia desenvolvido naquele período.

À noite, a terapeuta a ligou por videochamada para realizar a Constelação, um método feito numa bandeja com água em que bonequinhos representantes flutuariam, se colocando de tal maneira que a terapeuta/consteladora poderia decifrar e fazer a leitura daquela movimentação. Algo bem lúdico e diferente. Nina achava tudo meio estranho e não entendia bem o funcionamento, mas era seu campo energético que estava ali para ser desvendado.

Tudo foi sendo explicado passo a passo, aprendeu sobre as leis de Bert Hellinger de hierarquia, pertencimento e reciprocidade. Teve a oportunidade também de entender sobre o que mais a incomodava ou sob qual questão ela gostaria de obter uma nova ótica. Ainda ferida e sensível com a visita do seu ex-marido, resolveu averiguar o porquê de ela só ter relacionamentos ruins a vida toda, homens que não a valorizavam e de jamais conseguir ser feliz no amor. Ela conheceu Jorge numa balada, foi uma paixão avassaladora. Começaram a namorar e, em alguns meses, já estavam morando juntos. Mas Jorge era um homem instável, não parava em trabalho algum, tinha oscilações de humor, bebia demais e ficava violento. Constatou-se que Nina também teve um pai alcoólatra e que, inconscientemente, ela estava repetindo o mesmo padrão masculino quando "escolhia" ou "atraía" seus parceiros. Teve que perdoar a seu pai por ter sido ausente e ressignificar a falta que ele fez durante toda sua vida, mas, antes de tudo, entender, independente do pai ter sido bom ou mau, ela devia honrá-lo como pai, assim como sua mãe, pois eles lhe deram a vida. E, apesar de tudo, lançar a eles um olhar de misericórdia e compreensão, visto que eles também passaram por muitos problemas, traumas e situações desastrosas para terem se tornado as pessoas que são ou foram.

Era preciso cuidar da "criança ferida" que ainda habitava em Nina. Muito do que ela viveu na primeira infância, até os 7 anos de idade, refletia claramente na sua vida adulta. Era preciso acolher a própria criança. Nada pode mudar o passado, mas é libertador compreender e perdoar. Perdoar não significa manter as pessoas na sua vida, mas, sim, se libertar do peso daquela dor. Várias situações foram vistas de forma clara, como quanto ela vinha assumindo um papel com a sua energia masculina se sobressaindo à energia feminina, assim desenvolvendo o papel de "guerreira" na vida; ou quanto ela precisava trabalhar o amor-próprio e parar de aceitar "migalhas", principalmente dos homens com quem se relacionava, era necessário se valorizar e definir qual seria o tipo de parceiro de vida compatível com ela. Para isso, lhe foi sugerido escrever uma carta descrevendo um padrão de companheiro que a faria feliz.

Na mesma semana fez a última sessão, chamada Desprogramação neurobiológica. Um relaxamento profundo, em que se conduz o paciente a acessar informações do seu inconsciente e a limpar as suas sinapses e registros neurais, alinhando mente e coração, desprogramando os arquivos ou funções que já não lhe servem mais e atualizando as células a voltarem ao seu formato original. Como se a mente fosse um HD de computador que estivesse sendo limpo e reprogramado com atualizações sistêmicas.

Foi mágico e Divino realizar essas terapias!

Nina tinha ciência de que precisava continuar com esse apoio terapêutico e viabilizou, pelo menos a cada 15 dias, cuidar de si. Isso não era privilégio, e sim necessidade. Ela era profundamente grata ao Universo por tantas transformações.

Após alguns meses, ela conseguiu contratar um advogado para cuidar do pedido de pensão do filho e regulamentar as visitas do ex-marido, que, aliás, ao ser dispensado pela mulher com quem estava vivendo, pois ela o trocou por um homem menos problemático, voltou a procurá-la, mas ela já não era mais a mesma Nina do passado e recusou solenemente o pedido para voltar e se reconciliar. Depois de um longo, e necessário, período sozinha, sem se relacionar com outro homem, Nina conheceu um rapaz muito interessante no salão onde trabalhava. Foi amor à primeira vista. Ele a chamou para sair, se conheceram melhor e estão felizes namorando.

O tempo passou e ela se sentia mais forte. Trabalhava, negociava as dívidas e cuidava do filho e de si mesma. Estava feliz. Havia conseguido fazer um curso de mega-hair no salão onde trabalhava e isso a ajudaria a ampliar o leque de possibilidades. Ela já sonhava com o dia em que abriria o próprio salão, com várias filiais, e ensinaria outras mulheres a mesma função. Sonhava grande, afinal, aprendeu que sonhar grande ou pequeno disponibiliza da mesma energia, então decidiu que cocriaria todos os seus sonhos.

A vida dá muitas voltas, e quem sabe o que planta não teme a colheita. Fez novas escolhas, determinou aonde queria chegar, parou de aceitar qualquer coisa, aceitou os pais que tinha, procurou ajudar a mãe, cuidava amorosamente do filho e pôde mudar a vida.

Nina não é uma mulher simples no meio da multidão. Nina é uma história de superação. Nina é uma mulher de infinitas possibilidades. Nina é poderosa, é dona da sua vida, ressignificou sua história, entendeu que nunca é tarde para tomar as rédeas e viver um novo presente, fazendo diferente. Nina é comprometida com sua felicidade, Nina é uma mulher incrível.

Referências

HAY, L. *Você pode curar sua vida.* São Paulo: Best-Seller, 1984. pp. 11, 13, 20.

3

A JORNADA EXTRAORDINÁRIA DA EXISTÊNCIA

Neste capítulo, falaremos sobre o nosso compromisso de tornar a nossa existência palatável, leve, digna, apetecível, sincera, honesta e honrosa. Essa jornada da vida é uma sucessão de eventos variáveis com venturas e desventuras. Você se torna um divisor de águas na vida das pessoas quando realmente vive aquilo que expressa em atos, palavras e ações de forma pura e genuína. Há uma diferença gigantesca entre conhecer o caminho e trilhá-lo.

ANA PAULA DE JESUS VIEIRA

Ana Paula de Jesus Vieira

Contatos
professoravieira08@gmail.com
Instagram: @anapaulavieiraoficial08
75 99859 0074

Professora, palestrante e mentora de aprendizes. Especialista em Neurociência e Comportamento pela PUC-RS (2020). Mestre pela Universidade Fernando Pessoa, na Cidade do Porto, Portugal (2018). Mestrado em Docência e Gestão da Educação. Conversação pela inlingua Vancouver, no Canadá. Especialista em Metodologia do Ensino de Língua Inglesa pela Fundação Visconde de Cairu (2014). Especialista em Estudos Linguísticos e Literários pela Universidade Federal da Bahia (2010). Licenciada em Letras com habilitação em Inglês e Português pela Faculdade de Tecnologia e Ciências (2008).

Uma escalada incrivelmente transformadora

Você tem trilhado o seu caminho? Criar bases sólidas, pavimentar as estradas íngremes e montanhosas é fundamental, uma vez que quem percorreu as trilhas antes de você as tornaram demasiadamente escorregadias. Além disso, erguer a construção da ponte é concretizar a conexão com um ser fabuloso de extremo valor patrimonial chamado EU, de maneira valorosa e significativa. Tudo começa a partir de mim, uma vez que eu sou o referencial. A transformação que eu tanto almejo precisa inicialmente ocorrer dentro de mim, sempre haverá algo a ser feito. Em uma jornada, além de ter o tempo como aliado, não podemos negligenciar as variáveis, que são compostas por inúmeros obstáculos a serem atravessados: intensidade para a consistência, incredulidade para a fé, zona de conforto para o inesperado, conflito para a cooperação, ruído para a comunicação, visão monocromática para visão colorida, infantilidade para maturidade, culpa para o perdão, aparência como essência, e assim sucessivamente. Em qual travessia você está agora?

Aprender a ornamentar as páginas da nossa vida com momentos extraordinariamente memoráveis de sabedoria, discernimento, aprendizado, conhecimento e clareza é imprescindível. Lembre-se, uma vez iniciada a jornada, retroceder jamais será uma opção. Grace Hopper nos diz que: "Um barco no porto está seguro, mas ele não foi feito para isso". À medida que trilhamos cada passo da escalada, é notório nos depararmos com milhares e centenas de náufragos nos oceanos da vida, por ainda estarem adormecidos, pela letargia, inércia, inatividade, marasmo e indolência, para a realidade que os esperam. Saiba que o que você tem buscado já está pronto em algum lugar a sua espera. Precisamos construir pontes que nos possibilitem o acesso ao nosso destino. Para isso acontecer, é necessário derrubar as paredes e demolir os muros que nos aprisionam, impedindo a acessibilidade e a visão de novos patamares. A vida não deveria ter tantos muros que segregam, alienam, limitam, paralisam e reduzem a mentalidade humana. Criar um elo do ponto A ao ponto Z é crucial durante o trajeto. É preciso saber onde estou agora e exatamente para onde estou me direcionando.

Cada passo é um avanço na escalada. Que tipo de pessoa você tem se tornado? É preciso nos afastar de tudo que nos distancia daquilo que podemos ser. Inclusive os arquivos apagados do passado. Só assim descobriremos as novas páginas do futuro, sendo estas tão brancas como a neve. Ninguém, absolutamente ninguém, tem o poder de limitar seus sonhos. Você pode se tornar quem você deseja ser e chegar exatamente aonde determinou que chegaria. Em meio às adversidades, a paz é crucial e deve ser desenvolvida cotidianamente de dentro para fora. Não precisamos de condições favoráveis para fazer do altruísmo uma prática. É nas situações mais críticas que o caráter humano se revela. Não se esqueça de que você está escalando a montanha cujo topo escolheu alcançar. Cada passo da jornada te impulsionará à linha de chegada, negligenciar um único passo comprometerá toda a jornada.

Nossas emoções sinalizam as trilhas da jornada

Somos mais do que um corpo físico, temos uma mente e um espírito; logo, precisamos estar em total harmonia com nós mesmos para que possamos fazer a diferença nos diversos espaços onde atuamos. As nossas emoções vasculham todo o nosso ser célula por célula, temos uma predisposição em desejar sentir apenas o que é agradável. É uma tendência humanamente natural, entretanto precisamos estar atentos, em vigília, quanto à emoção que nos causa desconforto. É necessário conhecer profundamente a raiz causadora dos nossos sintomas. É preciso abraçar, acolher, escutar e, sobretudo, conhecer as nossas emoções, principalmente aquelas que nos levam para outras direções. Fugir, ignorar, reprimir ou esquecer é ser injusto consigo mesmo, é negligenciar ou, intencionalmente, recusar-se a decodificar a mensagem que tal emoção tem a dizer.

As emoções são mensageiras, por essa razão, precisamos desmistificar alguns conceitos sobre elas. Em última análise, não precisamos do sofrimento extremo para aprender a valorizar a vida. Quando nos tornamos conscientes e atentos aos sinais, tudo à nossa volta passa a se mover de maneira a encaixar perfeitamente cada peça em um incrível quebra-cabeça cuja figura é o mapa do tesouro. Então, aprendemos a lidar melhor com nós mesmos e com as nossas alegrias, tristezas e frustrações. Passamos a não mais negligenciar as nossas emoções de forma tosca e desprezível, uma vez que as emoções são parte de nós enquanto espécie humana. Elas servem de sinais, como GPS ou bússolas condutoras, tendo a função de indicar as direções da nossa jornada e nos informar se estamos prestes a percorrer um trajeto que nos trará sofrimento, angústia, estresse e ansiedade.

Ao se deparar com um infortúnio emocional, faça uma breve reflexão: por qual razão estou com esse sentimento? O que exatamente isso quer me dizer ou ensinar? As emoções têm o poder de revelar e transformar, uma vez que pela tristeza entendemos o quão imprescindíveis são os momentos de alegrias, a própria frustração nos oferece recursos para alcançar a realização. Se não existissem prisões, jamais compreenderíamos o valor da liberdade. Creio eu que as nossas emoções não têm nada de obscuro em sua gênese, pelo contrário, elas têm, em sua essência, o papel de transformar, clarificar, direcionar ou identificar algo que precisa de mais atenção naquele exato momento em que o botão foi pressionado e uma nova emoção veio à tona. Dê oportunidade ao seu corpo para perceber as suas emoções, fique atento à mensagem que será revelada.

Somos multifatoriais, essa versatilidade nos remete a vários fatores, interações da parte genética, fatores ambientais e aspecto biológico. A vida em si não é um evento linear e organizado. Há múltiplos caminhos para chegarmos a um resultado ideal, ou não. Um evento traumático ou situações desfavoráveis podem nos desviar da rota, entretanto ambos não são determinantes para anular ou paralisar o processo de caminhada ao nosso destino. Mesmo sendo uma trajetória regada de honra, glória e lágrimas. A natureza sempre moldará seres humanos para desempenharem papéis genuinamente nobres. A natureza sabe o que faz e, com toda a sua força, tem autonomia para entusiasmar, adestrar, sacudir, despertar, controlar e restringir. A natureza não recua até domar e inspirar o ser humano.

Desde muito cedo, ouvimos uma máxima: "a vida não é um mar de rosas", ou seja, a água com que nos banhamos passa longe de ser perfumada, não é água de rosas. Muitas pessoas se sentem demasiadamente tristes, ofendidas, humilhadas e desprezíveis ao se deparar com os eventos desafiadores da vida. Elas sempre culpam outras pessoas pelos seus resultados, deixando de assumir a responsabilidade dentro do processo. Estamos aqui, neste mundo, para fazer a diferença, e isso acontecerá de forma efetiva quando percebermos que somos igualmente importantes e fundamentais para que a vida aconteça de forma pacífica e harmoniosa. O mal e a cura estão no mesmo lugar, dentro de cada um. Observe que nada na natureza destrói o ferro, contudo a própria ferrugem pode levá-lo à ruína; de igual modo, os maiores inimigos do homem são seus pensamentos e suas ações.

Somos resultados de nossas experiências

Conhecemos pessoas, lugares e passamos por inúmeras experiências. Esses fatores podem acrescentar ou destruir tudo aquilo em que acreditamos. Por essa razão, cuidar da ambiência é imprescindível. O ambiente que frequentamos determina o tipo de pensamentos, e os pensamentos geram sentimentos e emoções – que são responsáveis pelas palavras, as quais, por sua vez, influenciam as ações que nos levam ao hábito e moldam o nosso caráter, então estaremos de frente ao nosso destino, fruto do resultado dos nossos pensamentos que gerou um efeito cascata, nos levando a um resultado. As pessoas que estão à sua volta terão um impacto direto em sua vida. Sejam positivos ou negativos, depende das ações que elas desempenham: harmonia ou caos. Se o ambiente em que está não te faz bem, isso não deve ser negligenciado, você precisa estar atento sobre os efeitos que isso te proporciona. Priorize ambientes que promovam equilíbrio, bem-estar, segurança, paz e, sobretudo, leveza.

De que maneira você tem nutrido seus pensamentos? Sigmund Freud salienta que: "o pensamento é o ensaio da ação". Tudo que você pensa não é fruto do mero acaso, e sim de suas escolhas. As nossas experiências e vivências incluem muitos itens, entre eles podemos mencionar: os livros que lemos, as pessoas com quem nos relacionamos, a comunidade onde vivemos, a natureza do trabalho que desempenhamos, nosso país ou nação, as roupas que vestimos, as músicas que cantamos e, mais importante de tudo, a educação religiosa e intelectual que recebemos até os 14 anos de idade. O medo te afastará de tudo aquilo que você quer se tornar. Saiba que seus medos foram instalados exatamente quando você tinha uma idade em que não podia raciocinar e refletir sobre tais ensinamentos e seus respectivos efeitos. Não apenas o medo, mas qualquer outra ideia, dogma, crença, religião ou sistema de conduta ética, sendo esses ensinamentos conduzidos pelos próprios pais ou autoridades.

Se uma semente qualquer for plantada na mente de uma criança por alguém que ela confia, essa semente germinará, criará raízes e crescerá. E com o passar do tempo, a semente plantada no solo mental não poderá ser erradicada ou retirada. Isso explica muita coisa. A mente humana é uma máquina fabulosa. Assim como o fazendeiro prepara a terra e fertiliza o solo de modo que o terreno fique apto e adequado para receber as sementes e garantir a colheita do plantio, corremos o risco de manter uma opinião sobre determinado assunto, sem nenhum respaldo ou hipótese razoável. Não tente banir a dor ou, até mesmo, a dúvida. Em meio aos ruídos barulhentos da existência, é preciso ouvir as nossas emoções, pois a resposta que desesperadamente buscamos encontrar do lado externo está a gritar do lado interno.

Cada ser humano carrega dentro de si a preciosidade da existência. Não temos como controlar cada passo da jornada, viver pressupõe riscos. Todos esses eventos que te ocorreram em cada travessia, ou seja, em cada fase da vida, te moldaram, te fortaleceram e te guiaram exatamente até aqui. Aceitar a si mesmo é abraçar a própria história, a vida ganha uma nova conotação quando descobrimos de que forma podemos fazer a diferença na vida das pessoas. Se comprometa consigo mesmo, em viver o seu propósito todos os dias por meio de pequenas ações. Parafraseando Pablo Picasso: há pessoas que transformam o sol numa simples mancha amarela, mas há aquelas que fazem de uma simples mancha amarela o próprio sol. Em última análise, saiba que você é o resultado de vários fatores, sendo assim é a soma de tudo aquilo que nasceu com você, mais o percentual de todas as suas experiências, interações e aprendizagens, desde o seu nascimento até o dia de hoje. A jornada é diária. Viva por princípios, assim seus pensamentos e ações serão guiados por um código de ética e um padrão de valores.

Referências

CALDEIRA, R. *Liberta-te de pensamentos tóxicos.* Entrada das Palmeiras: Presença, 2016.

HILL, N. *O manuscrito original – As leis do triunfo e do sucesso de Napoleon Hill.* Porto Alegre: CDG, 2018.

LAMPREIA, L. *Mude.* Alfragide: Lua de Papel, 2014.

4

DEH VANGLIOLI

Deh Vanglioli foi o nome escolhido pela espiritualidade para meu renascimento no sagrado pelo sacerdócio da Umbanda. Sou psicanalista, esotérica, maga iniciadora da Magia Divina de Rubens Saracenni, mestre em Reiki Xamânico e terapeuta holística há 15 anos. Minha missão é levar conhecimento para todas as pessoas que chegam a mim, pois entendo que, quanto mais consciência, mais fácil será elevar o padrão vibratório do planeta para vivermos em um mundo melhor.

ANDRÉA AMBRÓZIO

Andréa Ambrózio

Contato
11 98820 7557

Iniciei minha jornada espiritual em 2013, quando comecei a entender os eventos extrafísicos que aconteciam comigo desde a infância. Esse novo caminho mudou o rumo da minha vida. Foi então que Andréa Ambrózio, mãe, esposa e professora universitária, renasceu para Orixá com o nome Deh Vanglioli, que foi a assinatura canalizada pelo plano espiritual. Deh Vanglioli é sacerdotisa umbandista no terreiro Cantinho de Zé Moreno, situado na Vila Sônia, em São Paulo. Administradora, psicanalista, oraculista e terapeuta holística.

Mãe, avó e mulher. Uma pessoa sem perspectiva de uma vida extraordinária. Uma mulher com uma vida comum que foi transformada pela espiritualidade.

Me casei aos 19 anos grávida do meu primeiro filho ao mesmo tempo que cursava o primeiro ano da faculdade de engenharia. O começo da minha vida adulta foi assim: trabalho, estudo e um filho embaixo do braço. Com muito esforço e muita dificuldade, consegui me formar no curso de administração de empresas.

Apesar da graduação, procurava trabalhos que possibilitavam maior flexibilidade de horários por conta do meu filho pequeno. A solução foi partir para aulas particulares, pegava algumas aulas em cursos profissionalizantes para poder ter uma renda, mesmo que pequena. E, assim, os anos foram se passando até que eu realizasse meu sonho de ser professora universitária, profissão que exerci por 10 anos.

Nessa fase, minha vida era basicamente casa, trabalho e filho. Depois de sete anos do nascimento do meu primeiro filho, fui abençoada com uma menina. Em seus anos iniciais, ela demonstrava certa dificuldade de aprendizado, o que acabou me direcionando para o estudo da psicanálise, na tentativa de compreender melhor o que se passava com ela e de que maneira eu poderia ajudá-la.

Foi pelo estudo da psicanálise que pude ter um contato com a espiritualidade de forma mais ordenada e codificada. Estudar a trajetória e a psicanálise junguiana me possibilitou conhecer o tarot e estudar seus símbolos e arquétipos. O tarot trouxe a luz da consciência às minhas questões inconscientes para que eu pudesse trabalhá-las.

Minha conexão com o tarot foi imediata. Era o que faltava para eu entender que energias circulam ao meu redor. Dessa forma, eu enxergava o oráculo: uma ferramenta para o autoconhecimento.

Inicialmente, eu lia para mim mesma. Aos poucos, a coisa foi se alastrando e cada vez mais outras pessoas me procuravam para ler as cartas para elas. Sem que eu percebesse, esse era o início daquilo que se tornaria minha rotina.

Nessa época, já estava começando a entender que existia uma "força" que direcionava a minha vida. Nada acontecia segundo o que eu planejava, e percebia que estava sendo conduzida para alguma coisa totalmente fora da minha compreensão naquele momento.

Nasci e cresci em berço católico, então, o assunto "espiritualidade" era coisa de outro mundo. Melhor dizendo, o que é espiritualidade? Nunca tive acesso a nenhum tipo de informação sobre isso.

Hoje entendo o que acontecia comigo desde criança: eu tinha contato com outras dimensões, o que chamamos de planos espirituais. Isso explica porque só eu via algumas coisas e algumas pessoas. Mas como explicar tudo o que acontecia? E o mais importante: como entender? De quem eram as vozes que falavam comigo? Por que só apareciam para mim? O que eu tinha para oferecer? Tudo isso era para mim uma grande loucura.

Dizem que a espiritualidade nos convida de duas formas: pelo amor ou pela dor. Claro que, como a maior parte das pessoas, meu chamado foi pela dor. Sentia que tinha algo a mais, mas nem poderia imaginar o que seria. Com o passar do tempo, a interação com o mundo espiritual foi ficando cada vez mais difícil de entender. Me lembro claramente que, quando criança, alguém se deitava ao meu lado na cama, encostando em mim como se fosse uma pessoa de verdade. Outro evento muito comum eram os empurrões e socos que eu levava. Quem estava me batendo e por quê?

Com o passar do tempo, cada vez mais eu ficava assustada com essas experiências. Não me sentia à vontade para falar sobre esse assunto com ninguém, a única coisa que eu fazia era perguntar se alguém mais estava vendo ou ouvindo aquilo.

Somente muitos anos depois procurei um centro espírita por indicação de um amigo, e a experiência foi assustadora. Se era a primeira vez que eu estava lá, como poderiam me chamar pelo meu nome? Foi exatamente isso o que aconteceu. Estava sentada aguardando minha vez para ser chamada quando um senhor veio em minha direção e me chamou pelo meu nome. Mesmo assustada eu fui, pois a curiosidade falava mais alto. Ele pediu que eu me deitasse na maca e conversou longamente comigo, me explicando que eu tinha uma missão linda nessa dimensão. Tudo corria bem, até que percebi que só eu via aquele homem de fala mansa e olhar sereno.

Por ignorância e medo, segui meu caminho sem comentar o acontecido. Não foi tarefa difícil, pois nunca compartilhei esses acontecimentos com ninguém. Acreditava que, se eu não falasse, eles deixariam de acontecer. Além do mais, quem acreditaria?

Mesmo com muitas perguntas, continuei com minha vida mundana: família, trabalho, atividades cotidianas. Apesar de ser muito cansativa a dupla jornada, conseguia cumprir com todos os compromissos. Tinha uma família e um trabalho, mas sentia um vazio sem explicação. Sentia que alguma coisa faltava.

Por muito tempo busquei por respostas na terapia. Acreditava que as sessões me ajudariam a entender o que aquele vazio significava. Dizem que a sensação de vazio que sentimos, muitas vezes, é a falta de nós mesmos, por esse motivo iniciei a minha jornada no processo de autoconhecimento. Isso ainda faz parte da minha rotina. Acredito que o caminho em direção a nós mesmos é um processo que nunca acaba.

Os anos foram passando e o vazio ficando cada vez maior dentro de mim. Para ajudar, minha vida, que já era de muita luta, estava começando a dar sinais de instabilidade: era o início da grande transformação. Eu nem poderia imaginar quanto minha vida mudaria.

Toda mudança causa desconforto, mesmo que ela proporcione vivências positivas posteriormente. Nossa tendência é tentar a todo custo nos manter em nossa zona de conforto. Queremos mudanças, mas não aceitamos as transformações necessárias para que elas aconteçam. Comigo não foi diferente.

A custo de muito trabalho e muito esforço, meu marido e eu construímos uma vida confortável. Conseguimos comprar nossa casa, tínhamos nosso carro, e nossos filhos estudavam em boas escolas. Na nossa concepção, havíamos vencido todos os obstáculos.

Até o dia em que tudo mudou. Todas as certezas mudaram. Todo o esforço de uma vida inteira foi se diluindo.

Em uma velocidade infinitamente maior do que as conquistas, as perdas vieram trazendo medo e preocupação. Emprego, casa, família, saúde; pouco ainda me sobrava. Fui vendo minha vida desmoronar como em um passe de mágica. Mas o pior de tudo: eu não sabia o porquê. A única coisa que estava bem nítida era que tudo se perdia ao mesmo tempo.

Quando uma área de nossas vidas não vai bem, algum bloqueio energético pode ter se formado. Muitos criados por nós mesmos. Quando nossa vida trava de forma generalizada, é um sinal de que Deus está mudando o rumo de nossas vidas. Mas isso não é tão simples de entender.

A primeira coisa que toma conta da gente em momentos difíceis é o desespero. Algo natural quando você perde a harmonia na família, perde sua estabilidade financeira e profissional, e sua saúde física fica comprometida por conta de sucessivas crises gástricas causadas por nervosismo e ansiedade. Todas essas situações se resumem em um único sentimento: desespero.

A primeira coisa que aprendi é que nada está sob nosso controle. Nem mesmo nosso corpo.

Aprendi que existe uma força que faz com que tudo esteja exatamente em seus devidos lugares e, dessa forma, só nos cabe deixar fluir essa energia por nós da forma mais consciente possível. Somente uma consciência expandida em luz é capaz de compreender isso.

Com o mundo desabando em cima da minha cabeça, fui pedir ajuda a um vizinho que era pai de santo do Candomblé. No jogo de búzios, fiquei sabendo que tinha uma missão espiritual a cumprir. Sem nenhuma outra opção para ter minha vida resolvida naquele momento, decidi encarar o desafio e fazer parte daquela casa.

Apesar da minha determinação em cumprir com a missão que me foi dada, a sacralização me fazia muito mal. Sempre tive profundo respeito pela religião, mas não poderia fazer parte daquele contexto.

Depois de um ano, estava na estaca zero de novo. Achei que estaria enganada com relação ao meu caminho espiritual.

Como o acaso sempre toma suas providências, uma amiga me pediu que a acompanhasse em um benzimento que acontecia três vezes por semana em um terreiro de Umbanda perto de casa. A partir deste dia, o terreiro passou a ser meu lugar preferido, um lugar que me trazia uma paz profunda.

Logo na primeira vez que estive naquele lugar, o guia chefe da casa novamente reforçou que eu tinha uma missão espiritual a ser cumprida.

Foi nessa casa que eu desenvolvi minha espiritualidade pela incorporação dos meus guias. Esse seria o início da minha conexão com o sagrado e eu, finalmente, pude compreender o que vinha a ser a missão espiritual que ouvi desde o começo: o sacerdócio da umbanda.

Por ser uma religião com muitos fundamentos, a umbanda exige um estudo aprofundado para sua prática. É uma faculdade que nunca termina. Todos os dias aprendemos algo novo por meio dos guias e das pessoas que procuram ajuda para seus problemas espirituais.

Mesmo depois de ter aceitado esse desafio, minha vida demorou muito para melhorar. Muitos problemas vieram com o sacerdócio, entre eles a questão do preconceito. Foi muito difícil lidar com tanta discriminação, com tanta raiva que vinha de direções diferentes, inclusive da minha família. Tudo isso só porque eu estava praticando a minha fé da maneira que acreditava ser o melhor para mim.

Aprendi que tudo que é diferente sofre, mas o maior aprendizado que a espiritualidade me trouxe foi aprender a ficar bem comigo mesma, independentemente das situações que nos são colocadas. O que acontece ao nosso redor não pode influenciar o que acontece em nosso íntimo, afinal de contas, tudo é energia; dessa forma, tudo a nós retorna. E eu buscava por uma vida próspera, então deveria cuidar com mais responsabilidade de tudo que vibrava no meu campo energético.

Com a ajuda da minha primeira filha de santo, consegui concluir o estudo do sacerdócio e comecei a fazer os atendimentos com os guias na minha própria casa. Tarefa difícil, porque muitos vizinhos se sentiam incomodados com o fluxo de pessoas, que era cada vez maior. Mas isso era, para mim, a certeza de que estava no caminho certo.

O sacerdócio é uma missão solitária. Aprendo todos os dias que, por mais que as pessoas estejam ao seu lado te apoiando, muitas vezes, a construção do seu ser é entre você e o sagrado. As pessoas vêm e vão e você continua ali.

Depois de três anos de atendimento (que na umbanda chamamos de "caridade pelo passe mediúnico"), canalizei o nome do terreiro: Cantinho de Zé Moreno. Era finalmente a concretização de algo maior que aconteceria por meu intermédio.

Durante os quatro primeiros anos, passei por muitas dificuldades financeiras, porque o Cantinho exigia muita atenção e trabalho. Vivia basicamente de doações e dos poucos atendimentos que fazia com o tarot. Foram anos muito difíceis e por muitas vezes pensei em desistir e procurar por um emprego "normal", afinal tinha compromissos que não podiam esperar.

Mesmo aceitando minha missão como prioridade, estava demorando demais para poder caminhar com minhas pernas. Mas, aos poucos, a transformação foi acontecendo e cada vez mais as pessoas chegavam. O Cantinho de Zé Moreno finalmente estava crescendo.

Todas as lutas e sacrifícios estavam sendo recompensados, pois, por conta dos atendimentos oferecidos, a casa estava começando a ter suas necessidades supridas. Era o início de um milagre.

Uma noite, durante uma sessão, Seu Zé, que é o guia chefe, avisou que iríamos para um lugar maior, e assim aconteceu. Meu sonho de levar essa luz a mais pessoas estava se realizando. Claro que não foi tão simples, porque mais responsabilidades e compromissos financeiros também vieram, com uma baita crise de ansiedade.

Comecei nesse novo lugar da maneira que foi possível, sem poder sequer pintar o imóvel para começar as atividades lá. Exatamente no dia 23 de abril, dia do Orixá Ogum, patrono do terreiro, abrimos a casa. Com isso, novos desafios.

O Cantinho de Zé Moreno transformou minha vida. A partir do nascimento desse terreiro, pude entender melhor nossa missão aqui. Aprendi que muitas vezes é necessário colocar nossa tristeza no bolso para acolher um desconhecido que nos procura pedindo desde um abraço a uma palavra amiga.

Aprendi e continuo aprendendo com os guias todos os dias. Por meio do trabalho de caridade que se faz na umbanda, consegui um propósito maior, finalmente a sensação de vazio já não mais fazia parte de mim, e passei a me sentir realizada. Entendi que a única pessoa que posso mudar é a mim mesma, entendendo que cada pessoa tem seu próprio tempo para evoluir. Parei de buscar respostas porque entendi que elas estavam dentro de mim o tempo todo e, com a ajuda dos guias, pude encontrá-las e, a partir daí, expandir minha consciência em luz. Foi esse processo que me trouxe maior compreensão da nossa passagem pela terceira dimensão: uma breve oportunidade para evoluir em amor e gratidão.

5

A INCRÍVEL
MENINA-MULHER

Esta é parte da minha história. Trajetória de momentos ímpares, de lutas, mas também de conquistas. E sobrevivendo aos temporais, aprendi o que a própria natureza delicadamente ensina: há um tempo para cada coisa. Não se vira borboleta sem antes ser casulo; este encapsulamento é o que produz asas. Esta escrita é mais uma forma de preenchimento, de cauterizar rachaduras que ainda sangram, mas que, sim, me fizeram pérola.

ARILZA MORAES MOURA REIS

Arilza Moraes Moura Reis

Contatos
arilzamreis@gmail.com
Instagram: @Arilza Moraes
31 98787 9671

Nasci na cidade mineira de Nova Lima; segunda de quatro irmãos. Perdi meu pai para um infarto fulminante aos três anos, e minha mãe, da mesma maneira, aos nove. Fui professora e hoje sou psicóloga. Na infância, fui uma menina tímida e quieta. Calada que era, achava que caladas minhas dores deveriam ficar. Fantasiava a visita da fada madrinha; ela traria um remédio que curasse as minhas feridas. E eram muitas. Gostava de observar a vida e seu movimento; de estudar e de fazer descobertas. Descobri, por exemplo, que feridas podem ter prazo de validade; não são necessariamente eternas. Nessa brincadeira de ressignificar minhas dores, especializei-me em escutar as dores do outro. Isso mesmo: "escuta dor". A fada madrinha? Não veio. Mas vieram anjos, tias, avô, amigos, professoras maravilhosas. E muitas mãos que seguraram a minha. Ao escrever este texto, uma preocupação: não queria uma fala vitimizada, porque vítima definitivamente não sou. Escrever é a oportunidade de revisitar minha história e me orgulhar dela.

Parece incrível, mas foi assim mesmo que aconteceu. Sim, porque essa menina-mulher que lhes apresento... Ah! Ela é sim um "acontecimento!"

Num reino não tão distante, nascia uma menina de cabelos pretos e encaracolados e grandes olhos verdes como os do seu pai. Uma menina-flor, delicada e vulnerável. Segunda filha de uma família simples, mas amorosa e calorosa. A mãe contava uma história de lutas, sofrimento e abandono. Construiu uma família linda, casou-se com seu grande amor e teve com ele quatro filhos.

Precocemente, o pai da menininha partira para outra morada. Sem ter tido tempo de registrá-lo na memória (ela era realmente muito pequena), foi levado sem que ela autorizasse. É que o destino se encarrega de algumas escolhas por nós, pois, implacável que é, faz encontros e partidas a seu gosto, sem muito se importar, sem nos deixar protagonizar.

Para continuar sem o pai, a família, incompleta que se tornou, mudou-se para um novo reino não muito encantado, na cidade. Ali, aquela pessoinha pequena precisava prosseguir. Imaginava uma aventura de pão e chocolate, livros, lápis de cor e doce de leite. Não foi bem assim; faltou pão. Chocolate e doce de leite também não tinha. Tudo aconteceu de um modo bem diferente (um modo que doía); lhe fora furtada a infância só de sonhos e fantasias, daquelas boas de lembrar, com histórias de fadas e bruxas, castelos e navios piratas.

As vielas desse novo povoado por muito tempo seriam seu único universo. Ela sonhava ser princesa um dia. Mas, nesse momento, nada mais lhe pertencia para além dos becos. Ah! Esqueci-me de dizer que, no novo reino, ela tinha um terreiro grande e um cachorro pretinho chamado Pingo. Muitos pés de pitanga e mangueiras fartas nas quais adorava subir à caça pelas doces frutas. Mexerica também tinha. Mais difícil de pegar: árvore alta com espinhos pontiagudos que espetavam. Como a vida, que coloca nos galhos mais altos seus frutos mais doces.

Os longínquos palácios com seus muros intransponíveis ficavam bem ali ao lado, na vizinhança. Testemunhava de longe vidas abastadas e enobrecidas pelas janelas de vidro levemente cobertas por cortinas de seda. E ela, que desde muito cedo arriscava-se na conexão de ideias e formulação de hipóteses, fazia a leitura das entrelinhas da vida pelo seu olhar ainda infantil. Percebia as diferenças e internamente formulava teorias e respostas. Achava que não ganhava daquelas bonecas com cabelo porque papai Noel sabia que ela era pobre, e dava bonecas com cabelo para as vizinhas porque elas eram meninas ricas e não saberiam brincar com bonecas sem cabelo. Ela sabia: fazia um cabelo longo com pedaços de pano. Papai Noel era astuto; agindo assim satisfazia a todas elas, pobres e ricas. Mas suas bonecas sem cabelo tinham nome, iam à escola, tinham vovó, adoeciam e tinham roupinha de papel que ela mesma, habilidosa que era, fazia para elas. Ingenuidade que conforta e acalenta.

E nesse "tem nada" (bem ao lado do "tem tudo"), ela crescia junto do seu cachorro Pingo, dos seus irmãos e da sua mãe. Não demorou muito, sua mãe, enlutada pela perda do amado, partiu também. E a menina-flor se soube órfã. E a menina-flor precisava ser ferro para seguir.

As pessoas diziam que não devia chorar (como se fosse possível). Seus pais estariam felizes, sem dores ou preocupações. Essa outra dimensão é um negócio estranho de se pensar: como é possível ser tão "bem-dita" pelas belas falas e ao mesmo tempo machucar tanto. Como assim eles estariam felizes longe dela, dos seus irmãos e do seu cachorro Pingo? Realmente ela não entendia.

E a menina chorou... chorou...

Olhava a chuva que descia no barranco do terreiro e tinha medo. Um medo gigante que consumia seus sonhos como se isso de sonhar não fora feito para ela. E tudo parecia ser sobre isso. Muito cedo, conheceu dores fortes e nada passageiras. Perda e luto não deveriam fazer parte; mas estavam ali, insistentes e implacáveis. E o sonho de ser princesa já não importava mais.

A gente nunca devia brincar disso: de perda, separação, despedida. É de fato uma brincadeira sem graça. Imposta na infância da menininha, como um feitiço lançado num conto da carochinha.

E, por muito mais tempo de que se tem lembrança, ela chorou.

**Quando se soube tristeza,
a menina se fez lágrima.**

E como a rolinha que voou, voou, caiu no laço e se embaraçou, ela precisava se aninhar em outro ninho. Entre laços e amarrações, fios, fitas, cadarços e cordas, construiu sua teia. Ainda que rudimentar, lá se aninhou. A dor da ausência cortava feito fio de navalha, sentia o frio congelante da ausência e da saudade, e o mundo parecia feito de mármore. Era desconfortável estar, era desconfortável ser. Muitos anos depois, descobriu que existe um nome para isso: luto. Mas naquele momento era inominável.

Mas era preciso seguir. E valendo-se de uma plasticidade singular, ela seguiu.

É bem assim que acontece: a todo momento somos convocados a retocar o projeto, a reescrever nossa história, a rearranjar o percurso, reinventar formas de dobrar cada uma das esquinas. O percurso é a própria vida. Como um peixe de nadadeiras curtas, precisamos não ser engolidos pelo oceano que, mesmo ameaçador, é o nosso universo. Como um peixe de nadadeiras curtas tenta ganhar o oceano, assim ela fazia também.

Quantas e quantas vezes dá vontade de sair vazado, escamotear, dar um "tumé" (é assim que se diz aqui na minha cidade), "sair de fuga" ou simplesmente não estar. Não estar na reunião, não estar no trânsito, não estar na cozinha, não estar no supermercado, não estar nos desmandos aos que o simples ato de viver nos impele. Quantas e quantas vezes ficamos inertes, sem ação e sem objetivos, incapacitados de executar qualquer coisa, mesmo a mais insignificante delas. Mas somos chamados de volta, e uma força interior se revela novamente nos capacitando a seguir.

E segue o baile. E segue a vida.

Assim aconteceu com a menina. Descobriu que adorava estudar e que podia produzir saber a partir de sua relação de amor com os livros. Avidamente engolia os ensinamentos que recebia. Gostava muito da escola e fazia seu melhor. Teve uma professora maravilhosa que olhou para ela, que conseguiu vê-la para além de seus cadernos e provas. Viu seus olhos e o que traduziam. Acolheu suas dores, ofertou a ela um lugar, não só uma carteira.

Aos poucos, passou a considerar a possibilidade de pertencer a um universo um pouco para além de becos e vielas. E que cortinas de seda poderiam estar em suas janelas também. Mas não seria gratuito; ela teria que lutar. E assim o fez. E a pobre menina que sonhava em ser princesa se descobriu leoa. Pregou as garras afiadas na realidade e lutou muito. Se descobriu capaz de escolher também e, atrevida, passou a vetar o destino de tamanha intromissão.

Tomando rédeas próprias, errando, batendo a cabeça, confundindo becos escuros com avenidas largas e sendo ela mesma, seguiu. Sobrevivente dos escombros, aprendeu a sacudir a poeira, claro que não sem dor. Partiu para um projeto solo de restauradora: histórias, sonhos, emoções, desejos, realizações, tudo refeito.

**Quando se soube determinação,
a menina se fez força.**

Precisava barrar o sentimento de não pertencimento que insistia em ocupar-lhe o coração, se impor pelo que ela era e não pelo que tinha, pois tinha bem pouco ainda. Era necessário parar de ver o mundo pelas gretas e frestas e estrear nele como protagonista. Precisava se olhar com mais apreço, com mais carinho. Assim partiu numa aventura de arriscar-se e de fazer-se. Oscilando entre força e impotência, só foi. Se feriu e se curou repetidas vezes. Estava tudo bem.

Passou até a desejar estar, a desejar ser. A tarefa era de se reinventar, criar maneiras novas e inusitadas de ser e estar. Coloria, desenhava, bordava. Fazia crochê com as tias. Vendia suas artes, passou a ter um dinheirinho para umas frescurinhas. No primeiro mês, comprou adivinha o quê? Uma boneca com cabelo. Linda. Colorida. Grande, do tamanho dos seus sonhos. Um verdadeiro troféu! A prova do seu empoderamento.

**Quando se soube criação,
a menina se fez arte.**

Perplexidade é a palavra diante de tamanha capacidade de refazer-se perante aquilo que lhe destrói. O ser humano é, por natureza, especialista em superar seus próprios limites; este animal sobrevive a toda sorte de infortúnios e ainda é capaz de portar um largo sorriso para acompanhar suas lutas. É, por excelência, resiliente.

Resiliência é um conceito da física que se refere à propriedade que alguns materiais tem de acumular energia para que, ao serem submetidos a estresses, possam suportar a exigência sem ocorrer ruptura. Nas pessoas, pode representar a capacidade de superar obstáculos ou resistir à pressão de situações adversas, mantendo sua integridade psíquica, e de adaptar-se com sucesso a experiências traumáticas, por meio da flexibilidade emocional. Seria a competência que as pessoas têm de enfrentar situações críticas e até aprender com tais adversidades. E essa menina... Que competência! Isso ela tinha, sim.

A realidade dura estava lá, mas ao lado passaram a existir formas, cores, palavras, significantes. Inebriada, passou a fazer fantasias e colorir-se assim como coloria os papéis. Vestiu-se de uma alegria incontida, embalada ao som dos tambores. Descobriu uma paixão que levaria para sempre consigo. Muita gente passou a se encantar com isso e quis segui-la. Driblava assim a solidão que em outros tempos tanto a machucava. Criava personagens e transformava-se neles. E a menina que queria ser princesa foi bruxa, gata, Mulher-Maravilha, operária, marinheira, enfermeira, fada. Qualquer desejo era validado, pelo menos nesses três dias.

**Quando se soube alegria,
a menina se fez carnaval.**

Encantada pelo saber e sua relação com ele, pelas possibilidades irrestritas de transformar vidas, pensou que podia retribuir ao universo. Se fez ensino. Delicadamente, ajudava as crianças a se apropriarem da leitura e das habilidades numéricas. Recebia suas dificuldades com carinho e dedicação num esforço crescente de minimizá-las. Todo dia estava lá, cuidando que seus alunos se soubessem capazes. Tentava ser luz para eles, ser farol e se deixava ser seguida. Era querida pelas crianças e seus pais. Fazia com o coração aquele ofício escolhido com tanta propriedade. Colheu muitos frutos. Até mesmo os que estavam nos galhos altos e espinhentos, como as mexericas do seu antigo quintal. A menininha de flor e ferro agora era também de giz.

**Quando se soube direção,
a menina se fez mestra.**

Aprendeu que todo ser humano sente dor e resolveu especializar-se em escutar a dor. Porque é bem assim: todo mundo, sem exceção, sente dor. A menina escolheu se fazer ouvido a toda dor calada, como a sua fora um dia. Dar voz ao que fora silenciado, cuidar de feridas abertas para que pudessem cicatrizar. Essa era mais uma função dela nesse novo universo que só crescia, numa infinidade de papéis. A menina de flor e ferro também se descobrira ouvido.

Seu papel: procurar agulha no palheiro. Sabia que estavam lá, camufladas e sedentas de serem encontradas. Ajudava as pessoas que lhe chegavam a se encontrar. A encontrar saídas em finais de túneis, ver luzes em becos escuros e fazer escaladas de fundo de poços. Tarefas difíceis, mas também extraordinariamente possíveis. Fazemos isso o tempo todo, mesmo que nem sempre se perceba. Recolher os cacos e se acreditar por inteiro é o desafio nosso de cada dia. E a menina estava ali para fazer companhia a esses seres tão craquelados.

**Quando se soube escuta,
a menina se fez acolhida.**

Ela agora vivia rodeada de pessoas. De um jeito especial, driblava o sentimento de não pertencimento que já sentiu outrora. E se sentia parte. E fazia parte. Estava em rodas animadas, mas também em momentos de sofrimento íntimo e peculiar, ora acolhendo, ora sendo acolhida. Porque amizade é assim, um movimento de troca.

Muita gente gostava de estar com ela. Fez amigos, muitos amigos, pra lá de mil! Muitos deles parceiros de toda uma vida. Parceiros que se fizeram ombro, muletas, braços. Parceiros que fizeram tudo que ela precisava, que souberam acalentá-la como tantas vezes a vida deixou de fazer. Uma realidade tão repleta de pedregulhos invadida por joias preciosas.

**Quando se soube amiga,
a menina se fez parte.**

Transformada pelo tempo e invadida de novos projetos, transbordava-se derramando no mundo seu desejo pela vida, por novos sonhos. E é mesmo assim que a vida desliza, como verdadeiras ondas, ora brandas e suaves, ora embravecidas e assustadoras. Esses movimentos "marítimos" são legitimamente humanos. A sensação de "não querência" diante da vida não é definitiva. Ao lado das dores, cabem planos e amores. O que nos entristece hoje não será esquecido ou extraído de nossa história, mas sua emoção em relação a isso será diferente amanhã. Depois de amanhã, poderá não ser mais dor; poderá se transformar em saudade gostosa ou em algo mais suportável do que é agora. Então, podemos sim desistir, mas só um pouquinho. Desistir naquele instante apenas, guardar-se para um próximo e novo momento. Nadar, nadar, independentemente da maré.

E assim se fez na vida da menina, agora mulher. Se descobriu paixão e desejo. Flertou, se encantou, se enamorou. Conheceu seu grande amor e se fez amar por ele. Estava ali bem na sua frente a possibilidade de contar uma nova história. E assim foi feito. Uma nova família começava, novos sonhos, novas teias, novos laços e amarrações.

**Quando se soube paixão,
a menina se fez mulher.**

Mal sabia ela, mas o amor maior ainda não conhecia. E a menina, agora mulher, recebeu bênção maior do que poderia ter sequer sonhado: ela e seu amado trouxeram ao mundo uma nova vida, um novo sentido, um novo tudo. Algo tão perfeito que nem imaginava existir. E lá estava ela com sua pequena nos braços, no seio, na vida. Não se cansava de levar seus olhos para passear por aquele rostinho moreno de traços bem definidos.

**Quando se soube ventre,
a menina, agora mulher, se fez mãe.**

Como tudo na vida é caminho, a menina, agora mulher, não desacelerou seus passos e quis conhecer outros reinos. Se descobriu uma verdadeira exploradora. Terras desconhecidas seduziam-na, e ela foi. Viajou por terras longínquas e por bairros próximos. Conheceu rios, mares; subiu montanhas, desceu morros. Sentiu a neve no rosto e o sol escaldante também. Nesses lugares, se enlaçou, conheceu gente e mais gente, enredou-se. Passaporte carimbado, andanças a pé. Ela foi.

**Quando se soube andarilha,
a menina, agora mulher, se fez trilha.**

Atualmente, essa menina, agora mulher, segue pela vida. Intempestiva ou sorrateira, se faz presença. Entre batons e livros, se reinventa a cada momento. Gosta de dançar, ler, contar piada, falar besteira. Intensa e aventureira, já voou de parapente e encontrou cachoeiras escondidas. Trabalha muito, ama o que faz. Ama ouvir as pessoas e suas histórias de aventura, terror e romance.

Os mesmos olhos grandes e verdes como os do seu pai seguem curiosos e esperançosos. O coração cheio de saudade, a cabeça cheia de ideias. Ela não vai parar. Fará muitos outros papéis que acaso a vida lhe imponha, com disposição e vivacidade.

Revisitar sua história é a possibilidade de reescrevê-la com mais suavidade, mais colorido e menos machucados. Emociona-me acordar essa menina adormecida na mulher que sou hoje. A menina que se soube tantas coisas só segue!

Essa história, ainda sem final feliz (porque não está no final), é legitimamente nossa; de muitas meninas-mulheres de flor e de ferro de todo o planeta. Algumas delas (muitas) desconhecem seu poder de transformar sua realidade e ter nas mãos a caneta com a qual escreverá sua história. História de adversidades, perdas, vulnerabilidades, lutos, mas também de superação e fortalecimento.

Espero inspirar e mostrar que dá para torcer a estrada, pegar atalhos e inventar esquinas.

**E quando se soube história,
a menina, agora mulher, se fez palavra.**

Tantas palavras significaram e ressignificaram meus caminhos e descaminhos. Carinhosamente entrego-as a você por meio desses fragmentos da minha história. Fiz muitos e muitos papéis até agora e, cada vez que me redescubro em algo ainda desconhecido, me permito estrear um novo papel.

Sigo com a certeza de que o que vale é fazer a diferença na vida das pessoas. Relatar minha trajetória é uma proposta de provocar sentimentos que possam fazer a diferença na sua vida.

6

MINHA TRAJETÓRIA
EU SOBREVIVI

A trajetória em nossa vida é regada de altos e baixos.Na minha, não foi diferente. A direção que tomamos é o que importa. Não basta seguir exemplos, e sim seguir sua história. Ninguém viverá por ti aquilo que foi feito para você. Conhecemos tantas pessoas que se superaram, mas nossa superação pode ser diária. Espelhe-se em quem te faz progredir, afaste-se do que não te faz crescer. Sonhe e projete-se.

CÁSSIA CRISTINA DA SILVA

Cássia Cristina da Silva

Contatos
Atendimento@silvaesilva.com.br
Cássia@silvaesilva.com.br
Instagram: cassiacsiilva
47 98811 9234

Foi professora exercendo seu magistério por 10 anos, formada pelo Instituto de Educação do Rio de Janeiro. Formada em Direito pela Universidade Gama Filho; pós-graduada em Direito Processual do Trabalho. Sócia-fundadora do escritório Silva e Silva advogados, onde atua como advogada trabalhista. Foi juíza eclesiástica por cinco anos no estado do Mato Grosso, na comarca de Sinop. Formada em ballet clássico, em Minas Gerais, fez cursos em São Paulo e no Rio de Janeiro, com Cecília Kersh, Ana Botafogo e Ismael Guizer. Atua em vários jornais e revistas, escrevendo artigos jurídicos e sobre moda. Faz parte da Comissão de Moda de Santa Catarina. Construiu uma carreira sólida na advocacia, atuando em jornais e revistas de relevância nacional. É catequista desde seus 16 anos e ministra da comunhão onde baseia sua fé nas raízes católicas. Tornou-se *influencer,* dando dicas de viagens, comidas, participando de desfiles e criando um evento próprio voltado para a moda que incentiva o comércio local, denominado Natal das Amigas. Em suas redes sociais, retrata sua vida real e de sua família.

Nasci em 1968, no bairro da Tijuca, no Hospital da Aeronáutica. Vem comigo que a história é longa.
Nasci em um hospital militar pois meu pai era sargento. Nesse hospital, peguei todas as doenças infantis da época. Então, saí de lá após três meses, sendo batizada rapidamente no leito hospitalar pelos meus padrinhos Sônia e Samuel. Acabei indo para os braços da minha mãe para ser levada para casa, pois era esperado que logo morreria. Nada parava em meu estômago, todo leite que tomava ia direto para a fralda. Fui levada para casa para ser enterrada, pois peguei todas as infecções hospitalares. Mas, por grandioso milagre, hoje estou aqui escrevendo esta história. Incrível, não?

Minha infância foi regada de amor pelos meus pais, que sempre me incentivaram a leitura, o cinema e o teatro, desde que eu tinha três anos, e mal sabiam eles a bagagem que isso me traria no futuro. Aos 8 anos, empreendi pela primeira vez: montei um teatro de natal no meu prédio, convidei porta a porta os vizinhos e, como não tinha fantasia de Papai Noel, vesti um pijama vermelho e um blusão do meu pai com um travesseiro na barriga. Cantei, dancei e representei; incrivelmente, eu e as amigas arrasamos.

Na época escolar, era especialista em maquetes, meu forte era fazer aquilo que ninguém imaginava. Precisava criar um lago: tentei furar o isopor, mas a água escorreu, então coloquei terra a volta toda, plantei flores miúdas e dispus um espelho redondo para ser o lago. Tudo isso ficou incrível, tirei nota máxima 10.

Eu e minha família nos mudamos para Três Corações (Minas Gerais) quando eu tinha apenas 10 anos, para morar mais perto dos avós maternos, que já estavam com idade. Moramos lá por seis anos, de 1979 a 1984. No ginásio (segundo grau), resolvemos empreender e fazer um baile para o terceirão (3º ano), me lembro que vendemos toda bebida e comida. No final, cansadas, resolvemos dividir o dinheiro que arrecadamos, afinal, a gaveta estava cheia.

Mas que nada! Não entendíamos que tínhamos que pagar despesas e a verba mal deu para cobrir os custos, que incrível isso, pura decepção! Ainda no ginásio, na feira de ciências, fizemos uma maquete sobre extraterrestres. Eu consegui um boneco de plástico de E.T. e conseguimos fazê-lo andar e acender o dedo, foi um sucesso! Minha veia de cientista maluca crescia (risos).

Na mesma época, conheci minha professora de matemática Marília, que na época tinha um livro com poemas; como eu já era amante da leitura, passei a escrever frases, poemas e dizia que um dia escreveria um livro.

Minha mãe possuía um comércio de importados, e eu já trabalhava na loja aos dez anos; bem como aos 12 anos dava aulas de balé clássico no clube Botafogo, na cidade de Baependi, todos os sábados. Eu, aos 12, dando aula para crianças de três anos. Como sempre fui alta e grande, não aparentava ter pouca idade, todos pensavam que eu tinha por volta de 16 anos. Ali, eu era orgulhosamente chamada de professora. Dei aulas por dois anos e, com meu primeiro salário, comprei um lindo vestido preto e branco e um sapato de verniz na melhor loja da cidade. Comecei a empreender em mim, isso foi incrível! Já me visualizava na sociedade local, lembrando que eu só tinha 12 anos. E já amava moda desde pequena.

No bairro onde morava, comecei a dar aulas de jazz e balé, diante da grande procura por causa do filme *Flash Dance*. Imaginem: eu, com uma velha vitrola azul que minha irmã ganhou como rainha da festa junina e as crianças, as apresentações eram lindas.

Os anos passaram. Em 1984, voltamos a morar no Rio de Janeiro, porque uma das minhas irmãs passou na faculdade de medicina. Então ali, já com meus 15 anos, comecei a dar aulas de balé na tão temível favela da Rocinha, em São Conrado. Dava aula para a filha de um tenor do Teatro Municipal, que tinha um problema ortopédico. Com apenas 15 anos, em minha segunda aula, fico sabendo que mataram o pai de uma aluna, passei um grande medo, mas precisava trabalhar. Após seis meses, presenciei um assalto no túnel de São Conrado, o bandido era o cara que me pegava no ponto de ônibus todo sábado e me levava para dentro da favela. Naquele dia, ele estava disfarçado com um boné e óculos, sentou-se ao meu lado, colocou a faca na minha barriga e disse: "não quero nada seu porque sei que você faz o bem na favela, quero assaltar aquela mulher", uma que estava no banco da frente à minha direita. Então, ele pulou por cima das minhas pernas e foi em direção a uma americana que havia entrado no ônibus. Que susto! Ele a assaltou e, antes de descer do ônibus, retirou os óculos. Só então percebi que era o tal homem que me levava até a sala de balé na favela, lá só era permitido entrar com quem se conhecia.

Já na oitava série do colégio, lembro que escrevi um poema lindo sobre diretas para participar de um concurso na escola; lá, fui aplaudida em pé, todos amaram e me elogiaram muito. Ali, ganhei força para escrever. Fui convidada por outra colega para declamar o poema dela. No ano seguinte, declamei o poema para mais algumas turmas e novamente ganhei medalhas. As letras nunca ficaram longe de mim, fiz concurso para o magistério e passei no tão sonhado Instituto de Educação do Rio de Janeiro, no qual foi filmado há anos pela Rede Globo a série *Anos Dourados*. Já na escola, eu me destacava em Artes, Língua Portuguesa e História, mas detestava Matemática, meu ponto fraco.

Para ajudar nas despesas de transporte e alimentação para o curso de magistério, eu e minha mãe tivemos a brilhante ideia de fazermos docinhos de leite ninho e doce de leite para eu levar na mochila e vender. Eu os vendia na escola, de sala em sala, nos intervalos. Pelo jeito, sempre tive uma veia empreendedora. Sim, ali começava incrivelmente a minha história.

Em 1988, passei a dar aulas para turmas do ensino fundamental ao ensino médio. Jornais, revistas e moda sempre fizeram parte da minha vida, por isso escrever, ler e assistir ao jornal eram meu combustível. Chegava a ler em média cinco livros por semana; meus autores favoritos na época eram Heitor Carlos Coni, Cora Coralina, Machado de Assis, entre outros.

Na adolescência, passei a ministrar catequese na igreja católica, vez que venho de uma raiz cristã; realizei encontros dominicais para os pequenos e para os adultos, permanecendo com a crisma para adolescente até hoje. Escrevi vários poemas para colegas, sempre fazia sucesso com minhas redações. Realmente, sempre tive facilidade em ler, mas, incrivelmente, tinha um problema sério de visão.

Já em fase de vestibular, passei para Jornalismo e Direito e acabei optando por Direito. Em 1995, saímos do Rio de Janeiro para Sinop, no Mato Grosso, onde fundei o Silva e Silva Advogados, fazendo carreira solo por longos anos. Em 2006, meu esposo veio somar conosco no Silva e Silva Advogados, onde sigo carreira como sócia-fundadora até hoje. E sigo escrevendo vários artigos para jornais e revistas da região de Santa Catarina.

Esta é minha pequena bagagem de vida, porém de incrível vitória. Afinal, nasci e sai do hospital para ser enterrada, mas no meio do caminho de volta para casa, com apenas três meses, uma senhorinha muito envelhecida apareceu na estrada onde minha mãe me levava nos braços em uma carroça e ofereceu a ela um caldo para eu tomar que me curaria. Minha mãe, que ali chorava desesperançosa, resolveu me dar uma colherada do caldo e, imediatamente, fiquei curada, nada saiu na fralda. Misteriosamente, a senhora desapareceu e minha mãe nunca pôde agradecer. Para ela, foi um anjo enviado por Deus.

Deus disse: "É preciso que ela morra para viver!", aqui estou eu!

7

VENCENDO SUAS PRÓPRIAS BARREIRAS PARA SER FELIZ

Neste capítulo, o leitor conhecerá a história de uma mulher que enfrentou o *bullying* na infância, desenvolveu transtorno de ansiedade numa época em que a saúde mental não era discutida no Brasil, porém, com persistência e autoconhecimento, ressignificou sua história e conquistou seu sucesso pessoal e profissional.

CIBELE ORTEGA DOS ANJOS

Cibele Ortega dos Anjos

Contatos
www.cibeleortega.com.br
mentoria.cibeleortega@gmail.com
LinkedIn: Cibele Ortega dos Anjos
Instagram: @mentoria.cibeleortega
@cibele_ortega_dos_anjos
11 99451 4047

Graduada em Automação de Escritórios e Secretariado, pela FATEC-SP; pós-graduada em Assessoria Executiva pelo Centro Universitário Ítalo-Brasileiro; e em Ensino de Espanhol para Brasileiros, pela PUC-SP. Desenvolveu sua carreira, ao longo desses 22 anos, assessorando presidentes e CEOs de empresas nos ramos bancário, de seguros e elétrico. Atualmente, é secretária executiva poliglota na Siemens Energy do Brasil. De 2010 a 2012, foi docente no Curso Superior de Secretariado Executivo Trilíngue da FMU. É coautora dos livros *Excelência no secretariado* e *Meu cliente subiu no telhado... e agora?*. Em 2020, foi a vencedora do Prêmio Profissional de Secretariado do Ano (CONASEC), na categoria Voto Popular, e vencedora do Prêmio OscarSec 2020, na categoria Profissional do Ano, organizado pela Universidade Federal da Paraíba.

Eu tentei 99 vezes e falhei, mas na centésima tentativa eu consegui,
nunca desista de seus objetivos mesmo que esses pareçam impossíveis,
a próxima tentativa pode ser a vitoriosa.
ALBERT EINSTEIN

Diariamente, nos deparamos com histórias inspiradoras que nos fazem deixar a zona de conforto e enfrentar desafios que, na maioria das vezes, parece ser impossível superá-los. Porém, quando olhamos para trás e temos a consciência de que, além da superação, houve aprendizado e ressignificado, a sensação é a mesma de um atleta que recebe uma medalha de ouro nas Olimpíadas.

Convidamos você, caro leitor, para fazer uma viagem no tempo até à década de 80 e conhecer a história de uma garotinha sorridente, de cabelos curtos e crespos, olhos castanhos escuros, gorduchinha, que adorava fazer pose para fotos. Suas brincadeiras preferidas eram cuidar das bonecas, fingir que estava anotando recados e falar ao telefone de plástico.

Em 1986, ela tinha seis anos de idade e seus pais decidiram que era hora de matriculá-la em uma escola. Escolheram um excelente colégio particular na cidade de São Paulo. Eles não mediam esforços para oferecer à filha uma educação primordial e de qualidade, pois sabiam que isso seria um diferencial em seu futuro.

Essa garotinha começou sua alfabetização nesse colégio e, logo nos primeiros dias de aula, sentiu que não seria nada fácil. Além de chorar por estar longe de seus pais, notava que era excluída e rejeitada pelos seus coleguinhas. Tudo porque ela não se encaixava nos padrões de beleza da época. Não demorou muito para que ela começasse a receber apelidos depreciativos e sofrer humilhações, comparações e piadas. Um dia, na hora do recreio, ela ficou muito envergonhada e chorou muito porque seus coleguinhas de classe colocaram-na em uma roda e puxaram o elástico de suas calças para identificar se ela era menina ou menino. Sim, em plena década de 80, a nossa garotinha estava sofrendo o que atualmente conhecemos como *bullying*.

De acordo com o dicionário Oxford (2010), a palavra *bullying* provém do termo inglês *bully*, que apresenta dois tipos de significados: um como verbo e outro como substantivo. Em ambos, a definição se assemelha muito. Como verbo significa intimidar e, como substantivo, agressor. Já o derivado *bullying* significa comportamento agressivo. Ainda com base nas referências bibliográficas, Calhau (2009, p. 6) se refere a *bullying* como o ato de "agredir, violentar, maltratar, insultar, sendo que este pode ser realizado de formas diferentes, como o assédio moral, psicológico, virtual, físico e social".

Fato é que a garotinha não contou nada a seus pais e começou, cada vez mais, a se fechar em seu próprio casulo. Ela permaneceu nessa escola por mais cinco anos, triste em seu silêncio, isolada e sofrendo constrangimentos constantes. Em uma das reuniões de pais e mestres, as professoras disseram que ela era muito tímida, introvertida e que não se relacionava com os demais. Seus pais ficaram um tanto quanto surpresos, pois sabiam que ela gostava de brincar, que era alegre e muito carinhosa em casa.

Quando chegaram em casa depois da reunião na escola, perguntaram à filha o que estava acontecendo. Ela, aos prantos, dizia que não queria ir mais à escola porque os coleguinhas eram malvados e perguntavam se ela era menino, já que seu cabelo era curto como o dos meninos. Seus pais disseram a ela que crianças eram assim mesmo, faziam brincadeiras bobas, e que ela precisava aprender a se defender. Caso eles viessem novamente perturbá-la, ela deveria reagir. Foi em uma dessas reações que ela empurrou uma coleguinha e a professora a retalhou. Então, ela decidiu não mais reagir.

Os anos foram passando, ela mudou de escola, mas continuava não interagindo com os colegas, sentia uma necessidade latente de ser aceita. Ela, então, acabou decidindo mergulhar cada vez mais nos estudos, afinal, já que não era uma menina considerada bonita e aceita pelos colegas, ela precisava mostrar que tinha suas virtudes e dar orgulho aos seus pais sendo a aluna com as melhores notas da sala. Durante as semanas de provas, ela fazia uma imersão em seus livros, cadernos e apostilas. Obviamente, os resultados apareciam. Ela era a única aluna que passava de ano no terceiro trimestre. Assim, ao menos, ela começou a ser notada além de suas características físicas.

Quando já estava com seus 12 anos, iniciando a pré-adolescência, ela teve a sua primeira crise de ansiedade. Nem ela, nem seus pais, nem mesmo os médicos entendiam o que era aquilo. Os sintomas psicossomáticos começaram a ser frequentes: náuseas, dores no peito, falta de ar, sensação de pânico e de morte iminente. Seus pais, apavorados com a situação, levaram-na a diferentes médicos, que pediram vários exames clínicos, mas nada físico era diagnosticado.

Se essa situação tivesse acontecido nos dias de hoje, certamente o diagnóstico estaria atrelado à sua saúde mental, e os médicos identificariam que ela estava sofrendo de transtorno de ansiedade. Entretanto, era início da década de 1990 e, no Brasil, os problemas voltados à psique ainda eram vistos como pequenos e atrelados às pessoas fracas, frágeis e que precisavam preencher a mente com muitas atividades, afinal, como diz o dito popular: "mente vazia é oficina do diabo".

Segundo Last *et al.* (1996), "os transtornos de ansiedade ou TA's podem causar manifestações clínicas capazes de gerar importantes prejuízos no funcionamento normal do indivíduo". No caso de uma criança ou um adolescente, os prejuízos de um transtorno de ansiedade podem se agravar ao longo da vida. Esses jovens podem apresentar baixa autoestima, falta de interesse pela vida e sintomas físicos dos mais diversos, como: perda de apetite, náuseas, taquicardia, sensação de pânico e fobias. O transtorno crônico tem duração mínima de seis meses e precisa ser tratado, muitas vezes com o acompanhamento de psicólogos e psiquiatras, sendo esse último o responsável por receitar antidepressivos ou ansiolíticos.

Porém, voltando à nossa jovem e à época em que ela vivia, toda e qualquer explicação científica sobre o tema ainda era desconhecida, e a sua vida continuava árdua. Os preconceitos e julgamentos só se intensificaram, pois, além de não ter o estereótipo da beleza, ela sofria de algo que nem os médicos diagnosticavam. Ela era diferente de tudo e de todos e, cada vez mais, se fechava dentro de si mesma.

Foram crises após crises, sem tratamento, sem diagnóstico concreto, sem acreditar que um dia ela poderia viver uma vida normal. Foram anos da adolescência não vividos, festinhas que não foram frequentadas, passeios que não existiram e namoricos que jamais aconteceram. Inúmeras crenças limitantes permeavam sua mente ao longo de todos esses anos: eu devo ser perfeita; eu não posso errar; é horrível que não gostem de mim; se me rejeitam é porque não faço as coisas certas; sou rejeitada porque sou feia.

Por volta de 1995, começou o *boom* da internet e nossa jovem estava fazendo curso técnico em processamento de dados. Seu pai dizia que Ciências da Computação seria a profissão do futuro. Como a tecnologia passou a fazer parte de seus livros e anotações diárias, ela decidiu utilizar a internet para pesquisar sobre os seus sintomas. Foram várias leituras de artigos, sites e notas sobre o mundo da psicologia e o papel dos psicólogos e da psicoterapia. Foi então que ela viu uma luz na escuridão e decidiu que procuraria um profissional para fazer sessões de psicoterapia. Só havia um detalhe: ela precisava convencer sua família que terapia não tinha relação alguma com fraqueza ou loucura.

Após um belo almoço de domingo, a jovem disse a seus pais e avós que gostaria de iniciar sessões de psicoterapia para entender o que acontecia com ela. Pediu ajuda aos pais para encontrarem um psicólogo que fizesse parte da cobertura do convênio médico. Todos ficaram um pouco assustados, já que não tinham conhecimento do tema, mas decidiram procurar pelo profissional.

Em sua primeira sessão, ela estava totalmente travada e quase nada ela conseguia falar. Foi assim também na segunda, na terceira, quarta e quinta. Até que ela sentiu que ali ela estava em um ambiente seguro e que a profissional diante dela era a única que talvez pudesse ajudá-la. A caminhada foi longa e durou anos. Entretanto, ela descobriu na psicoterapia que os sintomas que a perturbavam eram decorrentes de todo o *bullying* sofrido em sua infância. A rejeição vivida e as humilhações constantes funcionavam como gatilhos emocionais e faziam-na querer apresentar um perfeccionismo exacerbado, além dos pensamentos negativos e catastróficos em sua mente. Toda essa bagagem emocional se liberava em forma de sintomas psicossomáticos.

Ufa! Que alívio compreender que se tratava de um problema de saúde! Mas agora outro ponto a preocupava: como se livrar do negativismo e transformar suas crenças limitantes? Sua psicóloga lhe disse que ela não estaria sozinha e que, juntas, ressignificariam sua história, ajudando-a a aprender a amar aquela garotinha de seis anos da maneira que ela era e a respeitar a sua essência de forma íntegra.

A partir daí, a jovem já estava com 18 anos e havia conquistado seu primeiro namorado. Começou a fazer cursinho pré-vestibular e disse a seu pai que acreditava muito na tecnologia como a profissão do futuro, mas que ela gostaria de exercer o Secretariado Executivo. Ela se lembrou que aquela garotinha adorava brincar de recados, telefonemas e datilografia. Essa era a sua vocação. Seu pai não ficou muito feliz com a decisão, mas depois entendeu que ela deveria seguir aquilo que lhe fizesse feliz em seu trabalho.

Em 1998, ela prestou os vestibulares e foi aprovada em segundo lugar no curso de Automação de Escritórios e Secretariado da Fatec São Paulo. Conquistou o seu primeiro estágio nos anos 2000 em uma empresa multinacional e hoje tem 22 anos de profissão e a certeza de que ama o que faz.

Ela teve alguns namorados, se casou pela primeira vez acreditando que seria para sempre, mas não foi. Mal sabia que ainda encontraria seu verdadeiro amor. E quando ele bateu à porta, não teve medo algum do que pensariam dela. Ela se divorciou, se casou pela segunda vez e vive esse amor como se cada dia pudesse ser o último.

Essa jovem assumiu novos desafios profissionais, aprendeu diferentes idiomas, lecionou em cursos universitários de Secretariado Executivo, fez coautorias em livros, se tornou mentora profissional e foi vencedora de dois prêmios nacionais que elevaram a sua autoridade na área secretarial.

Mas você deve estar se perguntando, e a terapia? E os sintomas do transtorno de ansiedade?

A terapia acompanhou essa jovem por mais de dez anos, até que ela recebeu a alta de sua terapeuta. Os sintomas estão controlados, mas ela sabe que algum gatilho emocional pode fazer com que eles apareçam repentinamente. Contudo, ela tem consciência de que existe tratamento, existem medicamentos e o sofrimento pode ser evitado. E sabe por que ela entendeu tudo isso? Principalmente, porque ela aceitou que ela é perfeita dentro de sua imperfeição; que erros são aprendizados; que algumas pessoas vão admirá-la e outros nem tanto assim; que a rejeição é fruto da própria não aceitação; e que ela é linda do jeito que é.

A partir do momento em que ela ressignificou sua história, respeitou a sua criança, tomou as rédeas de sua vida e assumiu as responsabilidades de suas decisões, ela entendeu que dias ruins não anulam dias bons. A fé, o positivismo, o sorriso e a persistência são o caminho para superar desafios e dores que jamais você imagina superar.

É claro, caro leitor, você deve estar se perguntando: quem era essa garotinha? Ela se chama **Cibele Cristina Ortega dos Anjos**, é Secretária Executiva Poliglota de uma multinacional alemã, mentora de carreira, coautora de livros, esposa, filha e mãe de uma filhinha linda de quatro patas que ela adora.

Muito prazer em conhecê-lo. Espero que a minha história faça você perceber o quão incrível a sua também deve ser. E lembre-se: seremos inspiração ao próximo a partir do momento em que nos entusiasmarmos com nós mesmos.

Referências

CALHAU, L. B. *Bullying – o que você precisa saber: identificação, prevenção e repressão*. Niterói: Impetus, 2009.

DICIONÁRIO OXFORD ESCOLAR: para estudantes brasileiros de inglês. Português-Inglês / Inglês-Português. Edição Atualizada de acordo com a nova ortografia da língua portuguesa. Ano 2010.

LAST, C. G. *et al.* (1996). A prospective study of childhood anxiety disorders. *Journal of American Academy of Child and Adolescent Psychiatry*, 35, 1502-1510.

8

QUAIS SÃO OS DESEJOS DO SEU CORAÇÃO?

Apesar de todos os traumas da vida, a gratidão por sentir o cuidado de Deus em todos os momentos e por ter pessoas especiais em meu caminho fizeram toda a diferença em minha história. O desejo de empreender nasceu em meu coração; mesmo diante dos desafios ao longo dessa trajetória, olhar para trás e ter orgulho de suas escolhas é algo inexplicável. Realizar o sonho é incrível, experimente.

DENISE IZIDORIO

Denise Izidorio

Contatos
denise.izidorio@adv.oabsp.gov.br
Instagram: @dra.izidorio

Advogada pós-graduada em Direito e Gestão Condominial, contabilista, técnica em administração, CEO da Gênesis Administradora de Condomínios, consultora e palestrante na Área Condominial, membro efetivo da Comissão Especial de Advocacia Condominial OAB/SP (Gestão 2022/2024), vice-presidente da Comissão de Direito Condominial Subseção de Sorocaba/SP (Gestão 2019/2021).

Nasci em Sorocaba (interior de São Paulo), filha caçula da Dona Sebastiana (in memorian) e do Sr. Vadinho, que tiveram um total de nove filhos. Meu pai sempre foi um homem íntegro, trabalhava arduamente, na maioria das vezes como pedreiro. Ele também foi forneiro em uma fábrica de tijolos e nós morávamos lá dentro da olaria. Nossa casa bem simples foi construída por meu pai. Não havia água encanada nem piso, e o banheiro era usado de modo compartilhado com as demais famílias do local. Depois de alguns meses, construímos um banheiro para nossa casa e, também, passamos a armazenar a água que vinha de um poço, assim a vida ficou mais fácil.

Nessa época meu maior sonho era ir à escola, mas as frequentes mudanças de residência dificultavam o acesso à vaga. Com oito anos, minha mãe me matriculou na primeira série. Com a mochila e o uniforme, eu me sentia a pessoa mais feliz do mundo. Nos primeiros dias de aula, percebi que estava mais adiantada que a turma. Eu já sabia ler e escrever, pois a Cris (minha irmã) havia me ensinado.

Na mudança mais traumática, quando chegamos à "casa nova" com todas as nossas coisas, a proprietária desistiu da locação; assim, voltamos para a "casa antiga". Me lembro da tristeza de meus pais; além do constrangimento, eles tiveram despesa extra com a locação do caminhão. Contudo, por não entender a complexidade de toda a situação, gostei de retornar a minha casa. Afinal, lá eu tinha amigos e em especial a Gi, que sempre foi minha parceira, confidente e cúmplice em todas as situações. Na verdade, sempre foi um grande porto seguro. A Shirley (mãe da Gi) foi fundamental em minha vida, sempre me orientou e, em especial, me ensinou sobre a importância da palavra e sobre a obediência a Deus, e esses são princípios que tenho até hoje e repasso para minhas filhas.

Nessa época, meus irmãos e minha amada cunhada vieram morar conosco e, devido ao alcoolismo de meus irmãos, nossa vida passou a ser conturbada.

Em casa, diariamente, havia agressões físicas e violências emocionais, e isso me entristecia muito. Não havia nada que eu pudesse fazer; me sentia pequena diante daquela situação. Então, comecei a escrever em um pequeno diário, era a única forma de me expressar. Hoje eu entendo que meus irmãos repetiam padrões de situações que eles infelizmente viveram na infância e não os culpo por nada; pelo contrário, torço para que eles possam viver coisas novas.

Meu pai estava desempregado e nossa situação financeira era difícil. Informalmente, fabricávamos e vendíamos produtos de milho verde; porém, não era suficiente para o pagamento de todas as nossas despesas, e começamos a ter dívidas com aluguel, água, energia etc. Muitas vezes, faltou alimento.

Com todos os dilemas mencionados, minha mãe descobriu que estava com câncer no colo do útero em estágio bem avançado e passou a fazer tratamento (radioterapia). Mesmo com a medicação forte, ela sentia muitas dores. Em alguns momentos, para fugir do caos de nossa casa, ela ficava em um local para repouso; eles atendiam pessoas vulneráveis, inclusive de outras cidades. Em algumas oportunidades, tive o prazer de acompanhá-la. Os demais acompanhantes contavam muitas histórias, algumas de superações; ouvi-las fortalecia minha fé e minha esperança na cura; outras de luto, com essas eu refletia e sabia que teria que ser forte. Contavam piadas e boa música com violão e voz. Nesse "hospital" tinha um espaço ecumênico, meu lugar preferido no mundo. Lá eu podia falar com Deus, chorar, fazer silêncio, sabia e sentia que eu não estava sozinha. Assim eu me fortalecia, pois eu não queria preocupar minha mãe. Ela nunca me viu triste e isso de certa forma sempre me consolou. Após seis meses da descoberta da doença e tratamento intenso, minha mãe não resistiu. Ela descansou nos braços do Pai.

Eu não sabia lidar com o luto. Na minha inocência, mesmo diante dos fatos (câncer agressivo e diagnosticado tardiamente), eu confiava que ela seria curada. Após tanto tempo, não me arrependo; enquanto há vida, há esperança. É assim que eu creio. Em seguida, minha irmã Cris foi aprovada em um concurso público. Fomos morar em outro bairro (somente meu pai, minha irmã e eu) e começamos uma nova história. Logo nasceu meu sobrinho Fabricio. Ele veio para alegrar nossa casa, que agora era um lar de paz. Eu cuidava do bebê para minha irmã trabalhar, mas resolvi buscar o primeiro emprego. Preenchi os formulários de currículos e entreguei em todas as lojas em uma grande avenida da cidade (lanchonete, lava-rápido, drogaria e até mesmo em uma mecânica). Nunca recebi nenhum contato desses locais (ainda bem). Após uma semana, minha amiga me indicou um escritório e eu fui até lá. Contei brevemente minha história e, assim, fui contratada. No escritório eu me encontrei profissionalmente (papéis, computadores, impressoras, telefone, clientes etc.). Gostava do ambiente, e todos os dias eu queria aprender algo novo; isso me inspirava cada vez mais. Meu trabalho inicial era arquivar documentos. Passei a organizar tudo, o pequeno arquivo era um grande universo de aprendizagem.

Logo minha função aumentou. Passei a fazer outros trabalhos administrativos. Aprendi toda a rotina do escritório e sabia executar muito bem todas elas. Trabalhava com excelência e dedicação e, por conta disso, sempre era recompensada com bolsas para cursos de aperfeiçoamento profissional, etiqueta, vendas etc. Eu acompanhava minha chefe nas reuniões e, assim, aprendi a realizar as assembleias condominiais, eu me encantava cada dia mais com esse universo dos condomínios.

Em 2003, concluí o curso técnico de Contabilidade. No mesmo ano, nasceu minha filha Gabrielle. Ela revigorou minhas forças e enxerguei que eu precisava deixar um legado. Queria trilhar novos caminhos, mas eu ainda não sabia como. A única coisa que eu pensava era como ter minha própria empresa.

O sonho pulsava forte no coração, algo interno me incomodava todos os dias e eu comecei a pedir sabedoria a Deus, que Ele me mostrasse o caminho a seguir.

Em um dia normal, fui trabalhar e percebi que já não tinha a mesma motivação e alegria e isso me deu um grande alerta. Então, fiz uma oração longa e sincera, com as palavras mais simples eu pedi que algo novo acontecesse, que eu enxergasse um novo caminho e que novas portas fossem abertas.

À noite, fui a uma determinada reunião de oração. Não conhecia ninguém. Me sentei no fundo; queria ouvir uma palavra e fazer minhas petições. No momento da oração, meu corpo tremia e eu sentia um calor vindo do coração. Com os olhos fechados, ouvi o pregador dizendo: "Deus está me mostrando essa mocinha de blusa rosa. Quero que ela venha até a frente". Devido a minha timidez, confesso que torci para não ser eu, mas era. Fui até ele, e ouvi as seguintes palavras: "Deus ouviu sua oração, a mesma que você pensa que é simples"; e para minha surpresa, repetiu exatamente o que eu tinha dito pela manhã. Ele também me falou que via um grande cesto em minhas mãos, que os frutos do cesto transbordavam e muitas vidas seriam abençoadas por meio de minha colheita. Disse ainda que Deus colocava em minhas mãos a chave de Davi, que abre todas as portas e que eu não devia ter medo jamais, pois Deus era comigo e me capacitaria. Que eu ainda receberia muita honra e tudo o que estava em meu coração o Senhor realizaria no tempo Dele.

Eu saí radiante, quase não dormi à noite pensando em tudo o que tinha acontecido. No dia seguinte, fui trabalhar normalmente e, no final do expediente, resolvi contar a minha chefe tudo o que estava em meu coração, o desejo de empreender e todas as palavras de confirmação que tinha ouvido. Como havia muita cumplicidade entre nós, eu falei todos os detalhes de meu sonho e confiei que de alguma forma e, como sempre, ela fosse me apoiar. Ela me ouviu calada e, no final, me disse que conversaríamos depois.

Na segunda-feira da semana seguinte, no final do expediente, ela me chamou para a tão sonhada conversa. Porém, quando desci para a reunião, percebi que os demais sócios também estavam à mesa. As palavras que ouvi de um dos sócios foram duras e cruéis. Ele era uma pessoa muito inteligente e influente em nossa cidade. Então, me falava sobre isso, principalmente que minha família era "pobre". Me acusou de ingratidão, reforçou que não tinha graduação (eu tinha apenas 22 anos); e me menosprezou ainda mais ao dizer que os estudos em nosso país indicavam que as empresas iniciadas sem capital fechavam em menos de cinco anos, mas que, com certeza, com toda a minha insignificância, eu desconhecia essa informação. Falou também de outras coisas terríveis, com a intenção de me desmotivar; e, para minha surpresa, minha chefe (que eu tanto admirava e me espelhava) e que me conhecia tão bem, permaneceu calada. Diante de todo esse cenário, eu não consegui dizer nada, apenas chorei. Fui demitida, me disseram que não seria necessário cumprir o aviso prévio e me acompanharam até minha mesa para retirar minhas coisas; e assim esse ciclo foi encerrado.

Nos três dias seguintes, eu estava sem força; só conseguia chorar, lembrava-me de cada palavra e cheguei a pensar que elas eram verdadeiras, que realmente eu era ingrata e limitada.

Após o luto, resolvi deixar tudo para trás e comecei a realizar meu sonho de ter o próprio escritório. Como eu não havia planejado nada, tudo seria novidade e que bom que foi assim. Defini o nome da empresa e fiz cartões de visita em preto e branco (para economizar). Com o dinheiro da rescisão, comprei o sistema da área de condomínio (o melhor do mercado); o computador comprei parcelado em doze vezes; e a impressora comprei usada (em bom estado). E assim montei o escritório na casa onde morava; afinal, lá não teria despesa com o aluguel. Eu vibrava com cada pequena conquista, uma simples cadeira giratória era motivo de festa; e essas bênçãos me geravam força para continuar. No dia a dia, eu me preparava para receber meu primeiro cliente (me vestia bem, salto, maquiagem etc.), trabalhava incansavelmente todos os dias, visitava os condomínios da cidade e entregava a apresentação de minha empresa.

A visita era feita de moto, para reduzir despesas e, assim, após trinta dias de um árduo desafio, assinei o primeiro contrato. O sentimento dessa primeira conquista foi indescritível, me validou e me deu mais ousadia, pois tive a certeza de que estava no caminho certo; porém, eu precisava ter mais capital e apenas um contrato não supriria minhas despesas por muito tempo. Então, surgiu uma nova ideia. Perto do escritório havia uma confecção, com em média cinquenta funcionários; por seis meses, eu tive uma rotina atípica: acordava bem cedo e ficava no escritório até as onze da manhã. Em seguida, produzia salgados e suco natural, e no horário do almoço, vendia esses produtos para os funcionários da empresa. Com isso lucrava muito, proporcionalmente falando, o valor recebido em duas horas de trabalho, no final do mês, era equivalente a meu salário no emprego antigo.

No período das vendas, recebi uma proposta da dona da confecção. Era para trabalhar em seu escritório. Quando ela me convidou, ressaltou que me admirava e que minha determinação e coragem eram algo incomum para pessoas tão jovens. Confesso que fiquei feliz com possibilidade, mas expliquei que as vendas eram apenas por um período, que eu tinha começado um escritório, que era meu maior propósito e aquela era apenas uma etapa. Então, agradeci e declinei a proposta. Continuei trabalhando firmemente com a divulgação do escritório. Em doze meses, assinei doze contratos e assim a empresa cresceu e continua crescendo até hoje.

Me graduei em 2014. Sou advogada e pós-graduada em Direito e Gestão Condominial, participo de comissões da OAB/SP em minha área, faço palestras e cursos no segmento condominial e sinto que aos poucos estou cumprindo meu propósito, pensando sempre em contribuir com as pessoas que estão a meu lado.

Em meados de 2019, conheci meu amor Renato e logo recebemos uma grande bênção – nossa pequena Manuela –, que nasceu saudável, em meio à pandemia de Covid-19. Ainda nesse período, adquirimos um imóvel lindo, fizemos a reforma do local e iniciamos uma nova fase da empresa – agora em sede própria.

Ao longo de tantos anos, ressalto que em alguns momentos eu pensei em desistir. Porém, em seguida, eu me lembrava daquela conversa de anos atrás: a voz dizendo que eu jamais venceria e, então, eu me lembrava de meu grande sonho, da promessa que recebi (que para tudo há um propósito e todas as coisas cooperam para nosso bem); assim, resolvi seguir, vencendo um dia de cada vez e contrariando todo o sistema.

Ainda é só o começo. Serão muitos os desafios, mas estou certa de que, com dedicação, ousadia e amor, virão as oportunidades; e, sim, conseguiremos realizar todos os desejos de nosso coração, e isso é incrível.

9

QUEM JUSTIFICA, NÃO CRESCE
A FORÇA DE EDNA COMO FONTE DE INSPIRAÇÃO E EMPREENDEDORISMO

A trajetória da empreendedora Edna Alexandrina dos Santos poderia ser contada como tantas outras histórias permeadas de dificuldades e perdas dolorosas. Mas o que difere essa mulher incrível – mineira de nascimento e capixaba por adoção – é seu raro poder de superação diante das adversidades. Nesses tempos em que as pessoas tendem a não se movimentar para encontrar seu destino, contar a história de Edna é falar sobre coragem, esperança e, principalmente, fé. É falar sobre a necessidade de engolirmos o choro e arregaçarmos as mangas.

EDNA ALEXANDRINA DOS SANTOS

Edna Alexandrina dos Santos

Contatos
www.consultre.com.br
consultre@consultre.com.br
27 3340 0122

Administradora por formação e empreendedora por vocação. Presidente e fundadora da Consultre, empresa especializada no desenvolvimento de soluções em educação corporativa para a administração pública, há 32 anos. Ministra Benemérita da Igreja Messiânica Mundial do Brasil.

Nascida na cidade mineira Governador Valadares, Edna foi trazida ainda criança ao estado do Espírito Santo. Nessa época, ela tinha apenas quatro anos, e a única coisa que sabia sobre seu pai era que ele era um comerciante próspero e um homem violento. Sua mãe havia o deixado, com apenas 15 dias de casada e grávida de Edna, por conta de um episódio de violência doméstica. Diante das dificuldades pelas quais passava, a mãe de Edna decidiu seguir para a cidade de São Paulo, para trabalhar como empregada doméstica. Com isso, precisou tomar uma dolorosa decisão: deixar seus filhos com a avó materna.

Sem verem a mãe por quase 10 anos, as crianças cresciam com dificuldades. Como a mais velha dos irmãos, Edna precisava trabalhar. Com nove anos de idade, faxinava a casa de uma tia em troca de comida. O restante da alimentação era aquilo que a avó plantava no quintal: chuchu, tomate e quiabo. Aos 10 anos, começou a trabalhar também como babá e bordadeira.

Com apenas 13 anos, Edna começou a trabalhar numa padaria no bairro onde morava e, em pouquíssimo tempo, com 14 anos – idade mínima exigida pela lei à época –, teve sua carteira profissional assinada pela primeira vez, já em outra padaria famosa e de porte maior na capital capixaba. Foi nessa época que uma surpresa aconteceu: após muitos anos, sua mãe regressou de São Paulo para morar com a família. Entretanto, depois de pouco mais de dois anos de convívio, sua mãe foi assassinada, vítima de uma bala perdida. Aquela tragédia foi apenas um capítulo de uma saga que parecia exigir de Edna uma força incomum.

Com 15 anos de idade, ela conheceu aquele que veio a ser seu esposo. Casou-se aos 20 anos e teve seus três filhos: Kellen, Bruno e Filipe. Porém, por imposição do marido, deixou o seu emprego no antigo CEAG (hoje Sebrae) e teve que abandonar a faculdade. Pouco tempo depois, percebeu que estava diante da mesma saga vivida por sua mãe: a violência doméstica. Amedrontada, decidiu se separar. Após um ano, por conta das súplicas do marido, resolveu tentar uma reconciliação. Não deu certo, pois tudo se repetiu. Diante da realidade, juntou seus filhos e seguiu em frente. Alguns anos depois, divorciou-se.

Aos 26 anos, enfrentando muitas dificuldades, Edna voltou a trabalhar no CEAG e retornou à faculdade. Enquanto trabalhava, seus filhos davam os primeiros sinais de responsabilidade: estudavam com afinco e mantinham a casa organizada e limpa, sempre sob os olhares atentos dos vizinhos, bons amigos e fiéis escudeiros de Edna.

Seus esforços foram reconhecidos, e Edna teve a chance de atuar na área de treinamento do CEAG. O setor oferecia cursos para micro, pequenas e médias empresas. Destacando-se na nova função, Edna logo foi recompensada com um aumento salarial, por meio de comissões sobre as vendas dos cursos.

Além do trabalho formal e dos estudos, Edna vendia roupas na hora do almoço, costurava até tarde da noite e, nos finais de semana, atuava como manicure e viajava para comprar mercadorias.

No início dos anos 1990, o governo Collor fez uma série de intervenções na economia e na estrutura governamental do país, o que culminou numa enorme crise financeira. O CEAG, que dependia de dotação orçamentária, paralisou seus negócios. Edna se viu sem suas comissões e com o salário atrasado. Mesmo sendo precavida, a pequena reserva que possuía estava se esgotando rapidamente.

Então, depois de alguns dias, ela decidiu fazer o que todos sugeriam evitar naquele momento: abrir uma empresa. Entendia que não havia outra opção. Ela conseguiu um acordo de rescisão e deixou o emprego. Seu objetivo? Atuar no mercado que ela dominava.

Nessa fase, os investimentos precisavam ser muito calculados, pois a única reserva que Edna tinha era a sua indenização. Deu entrada na documentação da empresa e reformou um velho Corcel II, que usaria nas visitas aos futuros clientes.

Mas o destino quis que, num acidente doméstico, Edna tivesse seu pé imobilizado. E o pior: suas reservas foram consumidas pelo tratamento de saúde. Desesperada, pois precisava visitar as empresas, pediu ajuda a um amigo para levá-la às visitas, porém, dias depois, seu carro pegou fogo. Naquele momento, Edna se encontrava numa situação crítica ou, como ela mesma diz, parecia estar num beco sem saída. Precisava se reinventar mais uma vez.

Certa de que seu patrimônio era sua ampla rede de contatos, ela não esperou a documentação da empresa ficar pronta. Com o telefone emprestado da vizinha, fazia ligações e tentava captar os primeiros clientes de sua empresa, a Consultre.

Com perseverança, Edna conseguiu a proeza de formar a primeira turma da Consultre com 22 alunos. Considerando as condições em que tudo aconteceu, a empreitada foi um sucesso. Diante do resultado financeiro, ela fez o que era urgente: comprou comida e pagou as dívidas. Para a estruturação da empresa, como não havia dinheiro suficiente, Edna teve que recorrer aos aluguéis: sala, arquivo, refrigeração e máquina de escrever Olivetti. Ainda ganhou uma mesa e duas cadeiras de um amigo.

Com o coração em paz, Edna visava a novas conquistas. Nesse período, ela já estava casada com seu segundo marido e podia contar com o auxílio de Kellen, sua filha mais velha – então com 14 anos.

Atenta às demandas do mercado – antes mesmo da realização de sua primeira turma –, Edna já havia programado mais quatro cursos nas áreas de vendas, marketing, finanças e almoxarifado.

Todavia, após um ano, o CEAG retomou as atividades no mercado. Como tinha boa estrutura, pessoal qualificado e sede própria, conseguia praticar preços bem abaixo dos cobrados pela Consultre.

Edna intuía que os próximos capítulos de sua história não seriam fáceis. Mas, na verdade, nos anos seguintes, ela nos deu uma aula de perseverança e fé. Foi nessa época que aconteceram as suas famosas visitas ao sapateiro para trocar a sola de seu único sapato – desgastadas pelas visitas em busca de clientes. Ou quando, para economizar, pegava um ônibus até bem próximo da empresa que visitaria. Dali, pegava um táxi para chegar ao cliente, devidamente composta. Outra lembrança desses tempos era a prática de tingir e customizar suas roupas. Essas estratégias visavam preservar a imagem positiva da Consultre, mantendo a credibilidade com os clientes. Na visão de Edna, ninguém acredita em quem está por baixo ou vive lamuriando. A frase que sempre utiliza é: "quem justifica, não cresce".

Depois de cinco anos em uma disputa desigual com o CEAG, Edna percebeu que precisaria inovar. Conhecedora da burocracia dos órgãos governamentais, ela tinha certeza de que poucas empresas podiam atender àquele setor. E, assim, deixou o mercado privado e migrou para o nicho de órgãos públicos. Um movimento corajoso que colocava a Consultre em outro patamar.

Apesar das novas metas, Edna padecia silenciosamente de uma forte depressão, dormindo apenas uma ou duas horas por noite. Até ali, ela escondia seu sofrimento, para não transmitir desânimo aos filhos e às pessoas próximas.

Foi nessa época que Edna encontrou a Igreja Messiânica Mundial do Brasil. Em apenas 30 dias, recebendo diariamente o *johrei* – uma prática de transmissão da Luz Divina por meio de imposição de mãos –, percebeu melhoras em sua saúde física, emocional e financeira. Foi nesse cenário de grande aprendizado e evolução espiritual que Edna compreendeu uma das verdades que a sustenta até os dias de hoje: a solução de todas as questões materiais da nossa vida está diretamente ligada à nossa evolução espiritual, que, consequentemente, desenvolve nossa capacidade altruísta: "se quiser ser feliz, faça o seu próximo feliz".

Certo dia, ela refletia sobre a necessidade de ampliar a atuação da Consultre para além da capital capixaba. Mas por onde começar? Foi então que recebeu uma ligação de uma de suas irmãs, que morava em Salvador e com quem não falava há quase 17 anos. Surpresa, soube que a irmã lutava contra a depressão e que passava por dificuldade financeira. Para Edna, tudo estava claro. Salvador seria a oportunidade de unir o útil ao agradável: ajudar a sua irmã e expandir a Consultre.

De imediato, entrou em contato com uma unidade da Igreja Messiânica na Bahia e encaminhou sua irmã para que fosse assistida. Ao mesmo tempo, organizou um curso na área de licitações e contratos em Salvador. A primeira turma na capital baiana reuniu 35 servidores públicos. Um sucesso absoluto.

Empolgada com os primeiros resultados da expansão da empresa, ela dividia seu tempo entre o trabalho, a formação dos filhos e suas atividades na Igreja Messiânica – onde logo assumiu uma missão sacerdotal, como Ministra.

Seguindo o processo de expansão, Edna levou a Consultre para outras capitais, como Rio de Janeiro, Fortaleza, Brasília, Recife, Florianópolis, João Pessoa, Natal e Curitiba. Mas Edna sabia que era preciso dar um passo fundamental: chegar à cidade de São Paulo. E ela não teve dúvidas. Em pouco tempo, a metrópole paulista se tornou o "carro chefe" dos negócios da empresa. Essa força expansiva iniciada por Edna, posicionou a Consultre, por meio de seus produtos e soluções, em todo o território nacional – do Oiapoque ao Chuí.

O trabalho era árduo, cheio de detalhes e com muitos riscos envolvidos. No entanto, Edna já podia contar com o amadurecimento profissional de seus três filhos que, alinhados aos seus valores éticos e morais, consolidavam a prática da espiritualidade na Consultre alicerçada em princípios e crenças, como a verdade, o bem e o belo – fundamentos da fé messiânica –, permitindo que a empresa prosperasse com raízes sólidas.

A Consultre seguia uma trajetória positiva, abrindo portas, impulsionando pessoas e conquistando clientes no exterior – em países como Angola e Moçambique. Seus três filhos já demonstravam habilidades para a gestão da empresa. Edna sabia que eles estavam preparados para tomar a frente dos negócios. Era uma questão de tempo. Nesse período, sua vida conjugal passava por turbulências e a separação de seu segundo marido foi inevitável.

Após quase três décadas, seus filhos assumiram a gestão da empresa, perpetuando os valores e a força de trabalho que Edna plantou em terrenos por vezes espinhosos. Kellen tornou-se Diretora de Gestão de Negócios, Bruno está à frente da Diretoria de Educação Corporativa e Filipe assumiu a Diretoria de Educação a Distância.

Atuando na missão de compartilhar conhecimento e valores, contribuindo para o desenvolvimento das pessoas e da sociedade como um todo, a Consultre atingiu números impressionantes: 80 mil pessoas capacitadas, cinco mil clientes fidelizados e mais de três mil cursos e eventos realizados. Mas, de fato, o grande patrimônio da Consultre está nas dezenas de pessoas que estão envolvidas direta e indiretamente nos projetos da empresa, incluindo os colaboradores, professores, parceiros e fornecedores. Todos recebem benefícios que vão muito além das formalidades comerciais. Todos são direcionados para seu desenvolvimento pessoal, profissional e espiritual, por meio da visão que Edna propõe sobre o altruísmo e a felicidade do próximo.

Com advento da pandemia da Covid-19, um novo desafio surgiu. Como atravessar o período de isolamento sem faturamento? Como honrar os compromissos? A resposta estava mais uma vez na visão de Edna, que acreditava que não poderia prejudicar as pessoas, e sim fazê-las seguir em frente. O custo? Tirar de si e garantir os empregos da equipe. E foi assim que Edna e seus filhos resistiram. Ao mesmo tempo em que lutavam para manter a estrutura conquistada, era preciso olhar para o futuro. Assim, nasceram novos cursos, novas metodologias e novas possibilidades de ensino a distância.

Quando perguntada sobre sua trajetória, Edna responde que ela "poderia ter sentado e chorado", mas que escolheu seguir em frente em nome da responsabilidade e da sua crença de que é preciso se movimentar para crescer. Como ela sempre diz: "quem justifica, não cresce."

Edna atualmente participa das reuniões do conselho de gestão da Consultre. Mantém-se ativa como ministra da Igreja Messiânica e em outras atividades que vão além do vínculo religioso, mas que continuam ligadas à sua crença altruísta. Também tem dedicado parte da sua rotina para estar junto à sua família e seus quatro netos: Matheus, Maressa, Luisa e Rebeca.

Ao olhar para o futuro, Edna tem planos para o período pós-pandemia: viajar e tirar as merecidas férias. Afinal, anteriormente, viagem sempre foi sinônimo de trabalho.

Perguntada sobre o que deseja fazer após o período de férias, Edna ainda nos surpreende:

— Vou fazer alguma coisa. Abrir um negócio para me ocupar e ajudar as pessoas. Quero compartilhar minha experiência em movimentar o dinheiro como vetor de prosperidade e de grandes mudanças na vida – diz.

Depois de uma trajetória de vida dedicada ao trabalho e ao cuidado com as pessoas, ela ainda quer mais, para os outros e para a construção do paraíso na vida das pessoas – lugar que ela defende como isento de doença, miséria e conflito. E todos sabemos que ela vai conseguir.

Só nos resta agradecer por sua força, Edna.

10

SONHAR E REALIZAR

A palavra determinação pode me resumir em muitas situações, desde a adolescência até os dias atuais. Não há barreiras quando acreditamos em nossos sonhos e em nós mesmas. E, acima de tudo, quando colocamos amor naquilo que fazemos.

ELÍDIA RIBEIRO

Elídia Ribeiro

Contatos
elidiar1512@gmail.com
LinkedIn: Elidia Ribeiro
Instagram: @elidia_ribeiro

Pós-graduada em Docência Para o Ensino Superior, pelo Senac, e MBA em gestão de eventos pela Universidade Anhembi Morumbi. Especialista em Gestão Empresarial para Secretárias pela Universidade Metodista de São Paulo. Graduação em Secretariado Executivo Trilíngue, pela Universidade São Judas Tadeu. Possui 23 anos de experiência como secretária executiva em empresa de grande porte, assessorando os acionistas, o conselho administrativo e o *family office*. Coautora dos livros *O futuro do secretariado: educação e profissionalismo* e *Meu cliente subiu no telhado, e agora?*, lançados, respectivamente, em 2019 e 2021.

> *Seja você quem for, seja qual for a posição social que você tenha na vida, a mais alta ou a mais baixa, tenha sempre como meta muita força, muita determinação e sempre faça tudo com muito amor e com muita fé em Deus, que um dia você chega lá. De alguma maneira você chega lá.*
> AYRTON SENNA

Falar de mulheres incríveis é muito fácil quando olho para tantos exemplos ao meu redor. Muitas delas são da minha família; outras, amigas, professoras, colegas de profissão, outras, ainda, são mundialmente conhecidas por suas causas. Mas olhar para dentro de mim e perceber que sou incrível é mais difícil. A autocrítica e a cobrança são gigantes, é uma luta diária para provar a mim mesma que eu venci e conquistei o meu espaço, que posso ser um exemplo e que preciso me orgulhar disso.

A minha referência de mulher forte está na minha família, começando pela minha mãe, que criou os sete filhos sozinha, pois meu pai faleceu muito cedo. Minha mãe teve ajuda dos meus tios e uma tia, que nos acolheram, mas teve que batalhar para colocar a comida na mesa. Eu me recordo da minha mãe carregando sacolas muito pesadas, andando de um bairro a outro, para vender alguma roupa. Ou com tecidos/roupas para costurar. Ou chegando em casa tarde da noite porque trabalhava de faxineira numa grande empresa. Nesse último caso, eu me recordo que ela, às vezes, deixava de comer o frango e o pão do jantar e levava para a gente, como se fosse um lanchinho. Posso dizer que sou filha de sacoleira, costureira, faxineira, entre tantas outras atividades por ela realizadas, mas com muito orgulho.

A minha família é repleta de mulheres fortes: mãe, tias, irmãs, cunhada, sobrinhas. Cada uma, à sua maneira, enfrentou grandes batalhas e superou muitas dificuldades, mas as vejo como vencedoras, tenho orgulho de todas. Não importa como foi a luta de cada uma, mas a forma que encontraram para vencer.

Atualmente sou secretária executiva de uma grande empresa, um grupo muito respeitado em seu setor. Estou lá há 23 anos e, às vezes, me assusto quando vejo este número, não parece que faz tanto tempo.

Meus sonhos de menina eram cursar medicina e morar sozinha. Sonhos um pouco ousados para uma pobre garotinha. Além disso, não sei por que, um dia eu me encantei com um velho dicionário de francês e o guardei por longos anos na esperança de aprender esse idioma. Com isso, veio uma paixão inexplicável por Paris, mas nunca ousei sonhar que um dia eu a visitaria.

A minha infância foi marcada por muitos momentos bons, brincadeiras de rua e amigas que tenho até hoje. Mas, ao mesmo tempo, foram tempos de *bullying* (a gente nem sabia o que era isso), preconceito e várias dificuldades.

Ser pobre nesse país, que eu tanto amo, é batalhar uma luta diária, sofrer preconceito, sentir-se incapaz até mesmo de sonhar. Mas eu nunca me convenci de que não poderia fazer algo para mudar isso, aliás, meu sonho era poder mudar o mundo. Infelizmente, eu não consegui transformar o mundo todo em algo melhor, mas tenho certeza de que consegui melhorar o mundo de várias pessoas. Acredito naquela frase que diz que precisamos ser a mudança que queremos ver no mundo. Se cada um fizer a sua parte, aos pouquinhos a gente vai melhorando o mundo ao nosso redor.

Minhas irmãs, assim como eu, começaram a trabalhar muito cedo, sempre como empregadas domésticas. Eu fui pelo mesmo caminho, mas não deu certo, penso que meus sonhos eram muito grandes e ousados, embora eu também acredite que não tinha o dom para esse trabalho.

Como disse, o meu sonho sempre foi a medicina, mas eu tinha consciência de que era algo impossível. Não somente pela dificuldade de uma aluna de escola pública conseguir passar em um vestibular tão concorrido de uma Universidade Federal, mas também de me manter e comprar livros, caso conseguisse ingressar. Constatada essa realidade, pensei que poderia ser possível estudar em uma universidade pública, porém em um curso mais simples. Fui convencida por meu amigo a fazer Filosofia na USP, mas não deu certo, pois perdi o prazo de inscrição e acabei desistindo.

Como nessa época eu já trabalhava na área administrativa, tive a oportunidade de assessorar dois gerentes e gostei do trabalho, achei que me encaixava perfeitamente naquela profissão. Foi então que decidi fazer Secretariado Executivo.

Foram quatro anos de muito estudo e dedicação, aprendi tudo que não tinha conseguido nos anos anteriores nos ensinos fundamental e médio, sempre em escola pública. Nem por isso foi fácil, tanto no quesito aprendizagem, quanto distância e financeiro. Eu morava em Santo André, trabalhava na Vila Mariana e estudava na Mooca. Pegava o penúltimo trem e o último ônibus. Chegava em casa por volta de 00h10 e acordava às 5h. E quando precisava estudar por causa das provas, eu acordava uma hora mais cedo. Hoje eu me pego refletindo como eu conseguia fazer tudo isso, a palavra que me vem é determinação.

Eu sou a penúltima de sete filhos e tenho orgulho em dizer que fui a primeira a ter uma graduação. Porém, tive vários motivos para desistir, muitas críticas e quase nenhum apoio. Aprendi a usar tudo que estava contra mim a meu favor e em várias situações isso foi o meu combustível. Meu chefe na época me disse que tinha certeza de que eu não passaria no vestibular e que eu jamais conseguiria concluir a graduação. Anos depois, ele me encontrou atuando como Secretária Executiva de grandes empresários, e essa foi a melhor resposta que eu poderia ter dado.

Minha mãe teve uma educação rígida, machista, em que a regra era a mulher se casar, ser mãe e dona de casa. Ela me disse que eu estava sonhando alto demais e isso doeu. Hoje eu entendo que ela quis dizer que pessoas simples e humildes como nós não podiam estudar, apenas trabalhar para comprar comida e manter a família. Mas acho que ela percebeu que tinha uma filha diferente e determinada, nada me impediria de conquistar meu objetivo. Por várias vezes, eu pude ver o orgulho em seus olhos quando se referia a mim, e isso me dava forças para continuar.

Ouvi muitas críticas com relação à profissão que escolhi, além das palavras de desencorajamento. Algumas vezes, tive que responder a perguntas do tipo: "Precisa de faculdade pra ser secretária?". Sim, precisa ter graduação na área, conhecimento em idiomas, especialização, estudo constante e muito amor.

Mesmo diante de tanto preconceito e descrença, segui firme em meu propósito. Tentei algumas bolsas de estudos, mas nunca consegui. Via pessoas de alta renda sendo beneficiadas com isso, ou até mesmo pais que pagavam a faculdade, mas os filhos não frequentavam as aulas. Acredito que isso me deixava triste, mas também me fortalecia.

Na graduação, eu tive o prazer de conhecer excelentes e inspiradores professores, mas o grande destaque foi o de Língua Portuguesa. Eu aprendi a escrever melhor, entendi todas as regras gramaticais, concordâncias, enfim, conhecimentos que carrego comigo. São professores como esses que tenho como referência.

Quando estava no último ano, fiquei desempregada e fui obrigada a trancar o curso. Fiquei arrasada, pois parecia um sinônimo de derrota, não parecia real que eu tinha que parar no último ano de faculdade. Eu não tinha conhecimento que poderia ter terminado e depois ter feito um acordo para pagar a dívida. Enfim, acabei fazendo isso no ano seguinte. Porém, eu terminei a graduação, mas não consegui o certificado, pois ainda tinha dívida com a faculdade. Só consegui finalizar esse processo 5 anos depois, quando já estava com um emprego que me permitia encerrar tudo isso.

Eu fiquei desempregada por dois longos anos, os mais difíceis da minha vida. Eu não conseguia uma colocação como secretária porque não tinha finalizado a graduação, mas quando procurava como auxiliar ou assistente, eu tinha conhecimento demais para o cargo. Perdi a conta de quantas entrevistas eu fiz, inclusive para estágio, e nada dava certo. Mas o nosso tempo não é o de Deus e a vitória veio na hora certa.

Na minha concepção, independente da área de atuação, todo profissional precisa se atualizar constantemente. Conhecimento é aquilo que ninguém tira, a gente carrega para sempre. Com esse pensamento, fui em busca de especialização na área e fiz a pós-graduação em gestão empresarial para secretárias; em seguida, o MBA em gestão de eventos; e, por fim, a pós-graduação em docência para ensino superior. Além disso, fiz vários cursos nesses intervalos para que pudesse me atualizar. Eu tenho sede de conhecimento e estou sempre fazendo algo, realizando cursos, lendo, buscando melhorias para o meu trabalho e para a profissão.

Percebi que os anos de experiência na minha área deveriam ser compartilhados, que eu tinha muito a ensinar. Várias pessoas me falavam que eu deveria dar aula, pois conseguia explicar com clareza e objetividade. Isso me levou a fazer um curso de docência com as queridas e excelentes profissionais Walkiria Almeida e Bete D'Elia. Esse curso aguçou ainda mais a vontade de repassar todo o meu conhecimento e reforçou minha paixão pela docência.

Durante muito tempo eu estive "fechada" para o mundo, pois estava focada em ser a melhor secretária do mundo. Sempre fui comprometida com o que faço e penso que devo fazer o melhor possível. Por outro lado, isso é ruim, pois a cobrança pela perfeição é gigante, e não somos perfeitos. Eu ficava incomodada quando as demais pessoas não tinham o mesmo comprometimento que o meu ou não entregavam o trabalho da forma como eu achava que deveria ser e com a mesma precisão que eu exercia.

Além de secretária executiva, gerencio uma equipe de secretárias, as quais me ajudam na nossa louca rotina. Não é fácil ter as minhas atividades como secretária e orientar/gerenciar a equipe. Hoje eu sou mais tranquila, não cobro com tanta rigidez e, também, não me estresso se não está como eu penso que deveria ser. Aprendi que não podemos resolver tudo e que em alguns momentos é necessário recuar e deixar o outro entrar em cena.

Os cursos que fiz me colocaram em contato com outras secretárias e a tecnologia disponível atualmente nos aproximou. São vários os grupos de secretárias/assistentes dos quais participo e sempre há uma grande troca de ideias, aprendizado e ajuda mútua. Isso tudo me ensinou que não preciso ser a melhor secretária do mundo, pois há muitas outras tão boas ou melhores que eu. Mas importa que eu entregue o meu trabalho com a melhor qualidade possível e possa contribuir para o crescimento da empresa.

Em 2019, fui convidada para compor uma equipe para escrever um livro sobre secretariado, porém com foco em docência, o que me deixou honrada. Meu capítulo foi intitulado "As competências do profissional de secretariado na educação". Experiência única, que me abriu novos horizontes e perspectivas. Isso me possibilitou falar para outros profissionais da área, palestrar/conversar com os alunos das universidades e acreditar em mim mesma, a me valorizar.

Em 2020, recebi mais um desafio, agora escrever para o atendimento ao cliente. Falei novamente sobre competências, porém com foco nessa área. Mais um trabalho entregue com sucesso e que me enche de orgulho.

Esses livros me mostraram um lado que não conhecia, jamais me imaginei como escritora. Mas foi tão gratificante que cá estou eu novamente, agora falando sobre a minha trajetória.

Durante a minha vida, eu sempre gostei de ajudar e cuidar das pessoas, é assim com a minha família, amigos e com aqueles que me cativam. Acredito que estamos nessa vida para fazermos o melhor para o nosso próximo, pois isso nos tornará pessoas melhores. Desde adolescente participo na igreja, embora agora eu não esteja tão ativa, o que me entristece. Mas era algo que me fazia muito bem, gosto de levar um pouco de amor, paz e esperança para as pessoas.

Isso me levou a realizar um trabalho voluntário em hospitais com a ONG Doutores Cidadãos. Eu me vestia de palhaça e visitava os doentes adultos do Hospital Mário Covas, em Santo André. Embora eu tenha estudado teatro por 3 anos, eu não sei fazer palhaçada, o que me deixava um pouco tímida. Mas o meu sorriso é a minha marca, e era assim que eu conquistava os pacientes. Meu amigo, e parceiro de trabalho, me dizia que com o meu sorriso eu não precisava de mais nada, só entrar no quarto e deixar acontecer.

Eu gostava de conversar com os pacientes e levar um pouco de carinho e afeto num momento tão difícil. Tive várias perdas e momentos de tristeza, mas nunca deixei que isso transparecesse. Estivemos em locais afetados por catástrofes, mas era muito bom saber que estávamos fazendo a diferença na vida de algumas pessoas. Por motivos pessoais, eu acabei interrompendo este trabalho, mas sinto falta disso.

Voltando àquela garotinha sonhadora, ela conseguiu morar sozinha, estudar, conhecer Paris e conquistar o seu espaço, alcançou o seu sucesso profissional. Acredito que, quando ela olha para quem se tornou hoje, sente muito orgulho, talvez nem imaginasse chegar tão longe.

Vivemos em um mundo onde existem regras de felicidade, de vida e de trabalho perfeitos, parece que há uma receita para cada coisa, mas são apenas estereótipos. Eu não me casei e não tive filhos, embora eu sonhasse em tê-los, mas tenho sobrinhos e uma afilhada que me enchem de amor e carinho, daria a vida por eles. Cada um de nós tem a opção de fazer escolhas, e são elas que definem quem somos e aonde queremos chegar.

Ser mulher é lutar as suas batalhas, enfrentar os seus medos e preconceitos e ter determinação em alcançar os seus objetivos. É construir-se a si mesma todos os dias.

Quando olho para a minha trajetória, percebo quão persistente e vitoriosa eu sou. A minha determinação surgiu das necessidades que eu precisei enfrentar e superar. Derrubei as barreiras socioeconômicas e do preconceito para ir à busca de um sonho, que era a educação.

Sou extremamente competitiva e amo um desafio, não tenho medo de ir atrás do que eu quero. Quando desejo algo, eu simplesmente vou, seja para assistir a um show, ver uma exposição, viajar, não me permito depender de alguém para fazer o eu quero. Se eu tenho vontade de ir ao estádio assistir ao meu querido Tricolor, eu vou, mesmo que seja sozinha, afinal, futebol também é coisa de mulher.

Os meus sonhos me levaram a conhecer lugares maravilhosos, tanto dentro do Brasil quanto fora. Obviamente tem muitos outros que eu ainda quero visitar e são projetos futuros. Mas as emoções e aventuras que vivi na minha primeira viagem internacional ficarão para sempre em meu coração. Por isso os meus sonhos não acabam, ainda há muito a realizar e conquistar. Permita-se sonhar!

> Ser mulher é acreditar sempre. É... Seguir em frente quando todos param! Acariciar e dar colo! Dividir-se em muitas sem deixar de ser uma, a mais importante! A mulher acontece, encanta, muda, nasce, floresce, cuida, cria, sente, beija, escuta, vê, brinca, brinca e brinca com a vida... e vive!
> MADRE TERESA DE CALCUTÁ

11

O SUCESSO É RELATIVO, PERMITA-SE!

Apesar de muitos pensarem que nascemos e morremos da mesma forma, minha história pode mostrar que podemos vencer crenças limitantes, nos redescobrir, nos reinventar e nos aperfeiçoar. Com planejamento, ação e apoio de relações leais, é possível trilhar novos caminhos e, no percurso até a meta, sermos felizes e realizadas ao lado do sucesso.

ELIZABETH SILVA

Elizabeth Silva

Contatos
ecjsilva@hotmail.com
LinkedIn: Elizabeth Conceição Jesus Silva

Formada em MBA e Assessoria Executiva pelo Grupo Uninter, e pós-graduada em gestão empresarial pela Uninove. É empreendedora e atua como secretária executiva desde 2005, tendo passado pelos ramos editorial, de saúde e atualmente atende a executivos do ramo financeiro. É membro do projeto Café das Secretárias (vencedor do Prêmio Profissional de Secretariado do Ano do Conasec, em 2021, pelo voto popular). Ama seu ofício, acredita no *lifelong learning*, no poder da reinvenção e no compartilhamento de experiências e de conhecimento.

Estou longe de ser uma pensadora, política, influencer e, menos ainda, um ícone de força, coragem, polêmica ou revolução, como Clarice Lispector, Irmã Dulce, Michelle Obama, Luiza Trajano, Ana Fontes, entre muitas outras que não caberiam aqui.

Cada uma dessas mulheres tem histórias inspiradoras e acredito que você também tenha uma bela história que inspira outras pessoas, pois o sucesso é relativo a cada um.

Eu, por exemplo, sou o resultado de uma série de boas portas que se abriram, de mãos que ajudaram, sou mais insegura do que poderosa e ainda estou em processo de desconstrução e reconstrução. Muito prazer! Sou Elizabeth, filha da dona Edite e do senhor Venício, nasci na cidade de São Paulo, em 1976, e tenho um irmão, o Manoel.

Cresci em Guaianases, bairro periférico de São Paulo; meu irmão e eu brincávamos com brinquedos improvisados – carrinhos de carretel de linha e bonecas que minha mãe fazia de retalhos, às quais eu adorava dar aulas. Morávamos em um pequeno cômodo com chão de terra, mamãe cozinhava em um fogão improvisado com blocos e lenha no quintal; já papai, eu geralmente o via dormindo de exaustão por trabalhar de dia de ajudante de pedreiro, pintor e o que aparecesse; aos finais de semana, dividia seu tempo nesses chamados bicos e tocando zabumba ao lado de nomes como Pedro Sertanejo, Dominguinhos e Luiz Gonzaga, sob o codinome Xandú do Samba.

A também admirável dona Edite, sem nunca ter ido à escola, ensinou a mim e ao meu irmão o alfabeto, e com a influência dela adquiri o gosto pela leitura. Mulher forte que buscava atender as necessidades dos filhos mesmo sem saber o que era o mundo de oportunidades que poderia ter. Certa vez, quando pequena, vi um bolo, mas não tínhamos dinheiro para esse luxo, então, adoeci pela vontade de comer o doce. Entretanto, vendo a situação, minha mãe conseguiu emprestados os ingredientes para fazer um bolo simples – farinha, açúcar, leite, manteiga e fermento; ela assou esse bolo em uma panela velha num forno improvisado com uma lata de tinta e lenha. Aquele dia me fartei, e me emociono ao lembrar desse gesto. Esse parágrafo já é uma inspiração para mim.

Nessa família humilde, sempre ouvi que a vida é difícil e temos de morrer de trabalhar para conquistar algo honestamente, que eu, como mulher, deveria arrumar um marido e filhos para cuidar e seguir esse destino, pois não havia outra escolha; mulheres – negras e pobres como eu – têm esse destino e devem escolher o sonho ou a necessidade a ser atendida no lar.

Sempre estudei em escolas públicas e buscava ter boas notas para não ficar em recuperação ou ser reprovada. Tomei gosto pelo estudo e me encantava nas aulas de Língua Portuguesa, com o mestre, e hoje amigo, Carlos Eduardo Monteiro. Ao final do ensino médio, eu tinha o sonho de fazer duas faculdades: Artes Cênicas (gosto muito de teatro e fiz pequenos cursos livres) e Jornalismo.

Ao falar em família sobre meus anseios, ouvi que era uma sonhadora, que pobre deveria pensar em trabalhar duro para pôr comida em casa; abandonei esses sonhos. Na vontade de continuar a estudar, fiz um curso de Contabilidade em uma escola pública, o qual me possibilitou estagiar em uma grande empresa do ramo financeiro no departamento de *call center*. Até então, desde os 13 anos, eu fazia bicos de meio período trabalhando como secretária em pequenos escritórios e ajudando minha mãe em algumas faxinas.

Ao receber a primeira bolsa-auxílio de estagiária, comprei uma geladeira e assumi a responsabilidade por adequar a casa em que morávamos com luxos que antes não tínhamos (geladeira, tv, guarda-roupa, tanquinho), pois o dinheiro que entrava era para alimentos e contas, não tínhamos uma vida confortável e equilibrada, mas sou grata a Deus por não termos passado fome e cada dia ou pequena conquista era uma grande realização para mim.

Tive relacionamentos abusivos que contribuíram para eu acreditar ainda mais que mulheres nasciam para sofrer e não mereciam ter um bom salário, carreira, se sentirem bonitas, ou sequer terem prazer sexual. Sobrevivi com essas crenças limitantes por muito tempo e, depois do falecimento de meu pai, por doença renal e diabetes, me afundei um pouco mais, crente de que o meu destino seria morrer de trabalhar para pagar contas. E eu só tinha vinte e poucos anos.

Em meio a esses vales, muitos anjos chegaram até mim com palavras de incentivo e indicação de leituras de autoajuda e mesmo romances variados que começaram a me mostrar que eu poderia e deveria escolher realizar meus sonhos. Então busquei um curso superior para ter mais e melhores oportunidades, mas as mensalidades eram altas demais para a minha bolsa-auxílio – não havia as facilidades e a oferta de cursos acessíveis como atualmente –; então, após alguns meses quebrando a cabeça, entrei para a faculdade de Hotelaria, mercado que prometia boas oportunidades de cargos e salários, e a mensalidade cabia em meu bolso. Nesse meio tempo, perdi o emprego por estar em uma zona de conforto. Meu noivo na época tinha acesso às minhas contas e cartões, e não sendo ele uma boa pessoa, perdi tudo e fiquei endividada.

Mesmo assim decidi concluir a faculdade, busquei trabalhos em eventos, feiras, digitava trabalhos para colegas, ajudava em faxinas e, assim, eu conseguia ter o valor para as despesas com condução, para pagar uma ou outra mensalidade e renegociar a dívida até a conclusão do curso.

Foi um período muito árduo, me sentia diminuída pela condição financeira – a faculdade mandava cartas de cobranças a cada atraso, os escritórios de cobranças ligavam a todo momento, em casa também não havia apoio, afinal, onde já se viu eu "desperdiçar" dinheiro com um estudo que eu não utilizaria em vez de escolher aplicar em casa o pouco que eu ganhava.

Tendo diploma de nível superior, as oportunidades de trabalho foram maiores e, mesmo não querendo, voltei alguns passos e aceitei o trabalho de telemarketing, ao qual uma amiga querida – Lusmar Marina – me indicou. Nunca deixando de prover a minha casa, aos poucos comecei a acertar a minha vida financeira. Nessa mesma empresa surgiu a oportunidade de secretariar um dos executivos, o que achei que seria fácil, mas o dia a dia me mostrou quão desafiadora é essa profissão.

Reconheço que as conquistas de novas responsabilidades nessa empresa foram resultado das atividades que me foram confiadas, entregando a mais e bem-feito, além de me atualizar e adquirir conhecimento com estudos e tratar com respeito e educação a todos. Sempre fui exigente comigo, e receber críticas era sempre doloroso, mas por meio delas e depois de refletir, reconheci minhas falhas e busquei me tornar uma profissional melhor.

Atuo como secretária desde esse período, passei por empresas do ramo de saúde, editorial e, desde 2011, trabalho em uma das maiores instituições financeiras da América Latina, o que me permite muitas conquistas, além de desempenhar um trabalho que amo, que é multifuncional, estratégico e realizador.

Chegar a esse ponto não foi simples, manter boas relações interpessoais, com empatia, interações e interesse genuíno, contribuíram para o aprendizado e as oportunidades. Entendi que precisava me aperfeiçoar e me transformar diante dos desafios para superar cada um deles. No tempo livre, busquei ler sobre as necessidades da área e da profissão e investi em um curso técnico em secretariado, em uma pós-graduação em gestão empresarial e em um MBA em assessoria executiva. Percebi que a teoria dos cursos me daria apenas uma base, então busquei participar de *workshops*, seminários, cursos livres, rodas de conversa e tudo contribuiu para agregar conhecimento em minha vida pessoal e profissional de maneira mais palpável, porque a troca de informações, de experiências e de dicas é enriquecedora.

Nesse mundo de oportunidades, estando disponível a ouvir e aprender, entendi que eu tinha de me livrar de relacionamentos tóxicos, que sugavam a minha energia, meu tempo e o dinheiro que eu ganhava arduamente. Não é fácil e, mesmo sofrendo, procurei me afastar de pessoas assim, então entendi que é preciso escolher quem deve e merece estar na caminhada comigo, que são as pessoas que incentivam, apoiam, ensinam e, também, criticam quando é necessário, pessoas honestas e leais, pessoas que verdadeiramente ficam felizes por sua felicidade.

Equilibrada financeiramente e estável no trabalho, também aprendi que eu poderia ser feliz sozinha e fiz coisas que eu não imaginaria ser capaz ou merecer: fiz viagens nacionais incríveis, mas o divisor de águas foi o intercâmbio a Londres, planejado por meses em segredo. É como recordar um sonho, pois em meus devaneios jamais me vi pisando na terra da rainha Elizabeth, nome escolhido para mim por minha mãe e inspirado nessa pessoa pública. Eu jamais me via fazendo algo, para mim, tão grandioso e sozinha; e indo além, pois me aventurei a conhecer Paris, Amsterdã, Bruges e Edimburgo, buscando treinar o pouco do inglês que eu tinha para perder o medo, aprender novas palavras, para absorver cultura e realizar mais.

Fiquei apenas um mês fora do país e à base de sanduíches, cereais e bananas, pois era tudo muito caro e minhas economias tinham ido todas no curso, passagem e hospedagem. Escolhi reduzir o valor a gastar com alimentação para conhecer o que eu pudesse estando do outro lado do oceano. Dei esse passo incentivada por meus gestores na época e realmente foi uma experiência que me trouxe cultura e uma nova visão sobre o que podemos ser capazes de fazer ao planejar e executar, mesmo tendo torcida contra, pois isso sempre existirá em nossas vidas, porém temos de ser fiéis ao que planejamos e dar sempre mais um passo. Isso foi em 2014, eu já não era uma menina, mas me senti como se fosse, e de novo aprendi que não é tarde para fazer algo pela primeira vez e se sentir viva e merecedora por isso.

A vida é formada de picos e vales, um tempo depois perdi minha mãe para o câncer e, buscando um ponto de apoio, além do trabalho, entrei em uma suposta sociedade com o que descobri ser mais uma amizade tóxica, mas já era tarde, além de perder minhas economias de anos, fiquei com uma dívida imensa que demorei dois anos para resolver, mas com o apoio de conversas com mulheres que amo e admiro – Elizangela e Marcia –, quitei e comecei uma nova história, um novo ciclo, pois o tempo não para até sararmos nossas feridas, a vida continua e temos de nos curar e nos reinventar durante a caminhada.

Muitas vezes, podemos considerar que não somos importantes e não temos grandes realizações ou sucesso, mas como eu disse no começo deste texto, o sucesso é muito relativo por depender de seus valores; precisamos estar disponíveis a ouvir e a enxergar as oportunidades que batem à nossa porta e ter sabedoria para aproveitar cada uma delas.

Reconheci a importância do respeito à minha história, à minha ancestralidade, à profissão que me escolheu e que me permite grandes conquistas e alegrias até hoje. A gratidão e a fé em Deus em cada aprendizado, nos momentos de vitórias e de derrotas, nos momentos de sorrisos e de lágrimas, a experiência em saber que é preciso dar mais um passo – seja para a frente, para o lado ou para trás, para mudar a trajetória – e se permitir.

Há pessoas em quem me inspirei e me inspiro quando busco referências para obter mais conhecimento. Faça o mesmo e se permita ser melhor a cada dia. Pergunte-se o que você faz hoje que será de grande importância amanhã, que legado seria ideal deixar?

Atualmente, eu me permiti contribuir em um projeto lindo, de sororidade, idealizado pela amiga Lucimaira, chamado Café das Secretárias, que leva conhecimento relacionado ao secretariado e informações diversas para a vida de muitas mulheres admiráveis que podem não ver ainda todo o seu potencial. Me permitindo nesse projeto, aprendo a cada dia com as trocas enriquecedoras, assim as novas oportunidades sugirem: recebi convites e aproveitei as oportunidades para participar de painéis em eventos de secretariado e para contribuir e trocar conhecimento com estudantes, experiência que tem sido enriquecedora. Além disso, tenho o projeto Kazuá Petiscaria, na cidade de Guarapari, Espírito Santo, em sociedade com Marcia Cristina, minha prima.

Se reinventar não é um processo simples, pode ser doloroso, pois há desafios e disrupções para se encontrar o propósito e desenvolver o autocuidado e o autoconhecimento necessários. Nesse processo diário, tenho entendido que há mais pessoas que desistem do que as que não deram certo, mas que estas podem se redescobrir, se reinventar e, durante o processo, cair e chorar, mas com o entendimento de que pode se levantar e sorrir e conquistar muito mais com o aprendizado.

Assim como eu passei muito tempo achando que sucesso era realizar tudo, que ser feliz era somente quando eu conquistasse isso ou aquilo, hoje enxergo que o sucesso e a felicidade podem – e são – encontrados durante a jornada que Deus me permite a cada dia. É poder mergulhar mesmo sem saber nadar e poder voar sem ter asas quando o chão parece ser tirado. É poder dividir um pouco de minha história neste texto na tentativa de mostrar que cada vida é especial e tem realizações que merecem e precisam ser celebradas. Com certeza, você também é a inspiração de alguém. Permita-se!

12

SONHOS DE UMA NOVIÇA CURIOSA, INTUITIVA E DETERMINADA
FAÇA ACONTECER

Mãe, esposa, empresária, *personal coach*, pesquisadora, mentora, palestrante e docente. Estudiosa das terapias complementares, leitora voraz, possui mais de 2 mil livros em sua biblioteca. Sempre apostou na educação para conquistar seus sonhos. Apaixonada pelo ser humano, dedica-se a auxiliar pessoas e organizações a encontrar sua melhor performance. Movida pelo AMOR (ação, melhoria contínua, objetivo e resultado). Se você ama o que faz, fará tudo com alta qualidade na entrega. Gosto muito do que eu faço, de conseguir interagir com o meio em que estou inserida, compartilhar meus conhecimentos e aprender com o outro.

ENEIDA GONÇALVES
MASTROPASQUA

Eneida Gonçalves Mastropasqua

Contatos
mastropasquaeneida@gmail.com
Instagram: @mastropasquaeneida
Lattes: https://bit.ly/3Kka40X

Consultora, palestrante, facilitadora, *master coach*, pedagoga, bacharel em Direito e pós-graduada em Gestão Estratégica de Pessoas pelo Mackenzie. Docente em cursos de graduação e de pós-graduação. Sócia-diretora da New Consultoria Jobhunter & Headhunter, mentora e coordenadora da Rede Virtual do Conhecimento TV Panificação Brasileira. Especialista em desenvolvimento estratégico de pessoas com ênfase em comunicação, motivação, liderança, formação e coordenação de equipes. Estudiosa do comportamento e do desenvolvimento do potencial humano. Cria e desenvolve cursos, capacitações e treinamentos personalizados na área de Gestão de Pessoas.

Primeiros anos de vida

Nascida em São Paulo, cresci de forma bem humilde. Filha de um garçom e uma dona de casa com 7 filhos.

Uma criança tímida, amável desde o nascimento, tive que enfrentar a batalha da sobrevivência que é a vida. Nasci com problemas alérgicos no corpo inteiro, permaneci no hospital 8 meses para tratamento. Durante esse período minha mãe fez uma promessa, caso sobrevivesse, me tornaria uma freira.

Aos 9 meses, fui para casa pela primeira vez, que cuidada e observada com muita atenção, carinho e amor dos meus pais, que tiveram todo o cuidado necessário nos meus frágeis e delicados primeiros anos de vida. Aos 3 anos, entrei para o convento, onde tive muitos aprendizados. Permaneci até os meus 13 anos, depois disso, comecei a enxergar o mundo de forma diferente. Entrei na adolescência e queria conhecer o mundo fora do convento. Minha primeira decisão foi difícil. As forças eram desfavoráveis, minha mãe queria que eu continuasse nessa missão de evangelizar. Com a minha rebeldia, desafiei respondendo que a promessa era dela que tentou transferir a responsabilidade para filha.

Com muita negociação, consegui deixar o convento, com a garantia de continuar a ensinar as crianças, participando ativamente na formação espiritual. Foi um momento muito mágico poder conhecer o lado espiritual.

Questões reflexivas para tomada de decisão

1. Estamos sempre em busca de respostas?
2. Por que estamos aqui?
3. Por que optei por determinada carreira?
4. O que posso fazer para evolução pessoal e profissional?
5. Qual é a minha missão?
6. Em que eu acredito?
7. Por que é importante falar sobre a trajetória de carreira?

A caminhada com picos e vales

Ao escrever a história da minha trajetória pessoal e profissional, alguns flashes foram surgindo: emoção, desafios, superação, resiliência e amor à vida.

Profissional prática, objetiva e estudiosa, sempre buscando ferramentas para melhorar o dia a dia, colocando sempre novos desafios para serem atingidos.

Durante minha caminhada, ao entrar efetivamente em ação na busca pelo meu objetivo, em algum momento, percebi que as coisas não estavam funcionando como o planejado, por causa de obstáculos que atrapalhavam, não enxergava as novas possibilidades que apareciam. Para não ficar retida em minha própria armadilha, precisava de recursos ou menos limitações para ir além das perspectivas, encontrar alternativas e criar possibilidades.

Tive um mentor durante minha trajetória, que me inspirava a reconhecer e a criar oportunidades para utilizar conscientemente o que precisava ser realizado, potencializando minhas forças e direcionando-as a meu favor. Reconheci algumas limitações, como comportamentos inapropriados, emoções negativas ou pensamentos limitantes.

Para superar essas limitações, em vez de somente identificá-las e investir na mudança via repetição contínua de novos comportamentos (para formar novos hábitos), fui buscar profissionais e literaturas com diversos autores para que pudesse estar num ambiente saudável de aprendizado propício e, assim, enriquecer e acelerar meu processo de aprendizado.

Iniciei meus estudos, aperfeiçoei meu repertório, busquei alternativas internas e externas. Tive o privilégio de participar do maior congresso do mundo, na ATD (*Association for Talent Development*), para conhecer a realidade local, buscando renovação, tecnologia e criatividade em busca de novos conhecimentos, desenvolvimento e evolução.

A oportunidade surgiu e novos aprendizados foram se solidificando na minha busca por conhecimento, após várias palestras, leituras, *workshops* e congressos, tive a oportunidade de conhecer alguns livros que me ajudaram a compor o que me tornei hoje. Napoleon Hill (1882-1970), escritor influente na área de realização pessoal, foi uma excelente referência: "Tudo o que a mente humana pode conceber, ela pode conquistar".

Tudo é possível quando temos foco, persistência, disciplina e resiliência, caminhando pela casa do saber, novas indicações foram surgindo para que cada vez mais eu pudesse me especializar na área do conhecimento e tendo meu próprio autodesenvolvimento.

Antes de escrever algo que traz inspiração, contribuição, oportunidade e realização, gosto de refletir sobre minha trajetória de vida com algumas questões

- Qual o meu talento?
- O que é importante?
- O que desejo alcançar?
- Aonde quero chegar?

Túnel do tempo: carreira profissional

Aos 18 anos, iniciei minha carreira profissional, em que pude conhecer vários setores de uma organização sendo *trainee*, o profissional que passa por vários departamentos de uma empresa: como faturamento, cobrança, caixa, auditoria, contas a pagar, comercial, jurídico, secretariado e recursos humanos (administração de pessoal, recrutamento e seleção, treinamento e desenvolvimento, educação corporativa, *coaching*, *mentoring*, plano de carreira e sucessão, planejamento estratégico, entre outros).

Meu aprendizado foi um processo evolutivo e expansivo, gradativamente meu mentor me orientava a compreender os processos e reter o conhecimento, praticando as ações e disseminando na empresa, criando aprendizados.

Meu gestor sempre dizia que buscasse autores renomados para me espelhar, uma delas que jamais esqueci foi Abigail Adams (1744-1818), esposa de John Adams, segundo presidente dos Estados Unidos: um dos pedidos que fez ao seu marido foi que queria que ele "se lembrasse das mulheres" quando estivesse redigindo a Constituição dos Estados Unidos. "A aprendizagem não se conquista por acaso; é preciso buscá-la com ardor e dedicar-se a ela com empenho".

Uma jornada nesse cenário repleto de suposições sobre como aprendo, os papéis que desempenhamos, as qualidades que a maioria dos profissionais tem que buscar e as armadilhas que vão aparecendo. Nesse momento, foi importante ter a clareza da minha missão e cultivar a ligação que tenho com o que faço.

Somos protagonistas da nossa carreira

Em toda minha trajetória, procurei tomar as melhores decisões, sempre preocupada em criar oportunidades desafiadoras. Atuei em vários setores da empresa (faturamento, cobrança, caixa, auditoria, auxiliar administrativo, vendas, contabilidade, financeiro, secretariado e RH). Todos os setores trabalhados me realizavam, mas buscava sempre aprender novas habilidades. Fui secretária do RH durante 8 anos, estava disposta a aprender coisas novas e tinha facilidade em absorvê-las. A cada desafio, eu entregava 100% dos resultados, adquirindo novas habilidades e competências. Cada área era uma nova oportunidade de fazer diferente.

Ainda precisei superar tais desafios com uma dose de esforço extra, para equilibrar o trabalho em tempo integral, a família, a pós-graduação, o MBA, as terapias holísticas e os trabalhos voluntários desenvolvidos na comunidade do bairro.

Quando as oportunidades aparecem: a viagem

Para crescer na carreira, sentia necessidade de conhecer outras culturas e pessoas. Um novo desafio: aprender um idioma, que me exigiu coragem, ousadia e desapego, para explorar um lado desconhecido em meu perfil. Estava comprometida a ser uma eterna aprendiz.

As viagens contribuíram para meu crescimento profissional. Foi o ato que encontrei para expandir meus conhecimentos. No mundo atual, de constantes mudanças, a meta é ter conhecimento e uma jornada interminável e sempre expansiva de crescimento, que nunca termina.

Foco

O primeiro passo da minha viagem foi definir aonde eu queria chegar. Sem um objetivo claro e bem estabelecido, podemos nos desviar no meio do caminho e tomar outra direção, chegando a um lugar bem diferente do planejado inicialmente.

Para traçar meu mapa, defini o ponto de partida e o de chegada, utilizei a ferramenta GROW (*Goal, Reality, Options e Wrap-up*):

- *Goal* – o meu objetivo, o que desejava conquistar.
- *Reality* – a minha realidade, meu estado atual ou ponto de partida. O que faria? Quais decisões?
- *Options* – as opções que tinha ou caminhos alternativos.
- *Wrap-up* – as estratégias e os pontos que estabeleci para serem alcançados ao longo da minha jornada.

O percurso da jornada de trabalho

Tracei meu percurso, anotando onde eu queria estar e aonde pretendia chegar em minha carreira. Defini os possíveis e melhores caminhos. Observei as rotas alternativas que poderiam me levar de forma mais rápida. Dividi minha viagem em estágios, locais e condições a serem alcançados em determinado período.

Pit stop – calibrando os pneus

É necessário reavaliar o plano. Às vezes, damos muita ênfase a algumas áreas e quase nada a outras igualmente importantes. Surgem os desequilíbrios e acabamos por colher um resultado desfavorável. Temos que ficar atentos e manter os pneus sempre cheios.

Cuidado com o ponto cego

O ponto cego é aquela área do carro que o espelho retrovisor não mostra e, muitas vezes, o nosso descuido na obra pode causar um grave acidente. É importante regular os espelhos em um ângulo de 90 graus.

Ficar atento, observar e cuidar sempre das nossas intenções e ações na realização do trabalho. Passei por muitos engarrafamentos e paradas repentinas, tudo que acontece em nossa vida conduzindo a outras direções traz sempre novos aprendizados, crescimento e evolução.

Extrair sempre um significado maior e, dessa forma, podemos enxergar nossos propósitos de uma maneira mais agradável, proveitosa, eficaz, eficiente e com mais efetividade a partir de todo o trajeto percorrido, o resultado chega com qualidade na entrega.

A caminhada é longa, tortuosa e cheia de obstáculos, o importante e viver a nossa verdadeira essência. Nunca é tarde para pegar a estrada certa e seguir rumo aos objetivos relevantes para conquistar nossos sonhos.

O tempo é escasso e contribui para que nos esqueçamos de olhar para dentro e perguntar: o que eu espero desse trabalho ou carreira? Por que escolhi esse curso? Meu hábito era ouvir o que estava dentro de mim, o que eu mais desejava alcançar com todo o meu esforço. O autoconhecimento encurtou meu caminho para chegar aos meus propósitos.

Essa é a minha história de vida, apesar de ser única e singular, pode ser visualizada como uma trajetória com alguns pontos fortes, principalmente quando estes são encontrados em outras histórias de vida profissional. Esses pontos podem servir como um exemplo para futuras gerações que estão entrando no mercado de trabalho.

A aprendizagem traz benefícios, é a necessidade das pessoas de se manterem estudando e se desenvolvendo ao longo da vida. Os conhecimentos progridem rapidamente, principalmente em nosso tempo, na era das redes sociais. Progredir profissionalmente é uma obrigação que o profissional não pode fugir, sob o risco de ficar obsoleto.

Lições aprendidas

Existem motivações que fazem com que a carreira profissional evolua dentro de um quadro satisfatório. São elas, o apoio da família, a valorização e apoio de outros profissionais e as condições de trabalho.

Viver é desafiador, uma arte, um eterno aprendizado. Desejo que cada profissional tenha alicerce para que possa estar preparado na vida para enfrentar os obstáculos e superá-los.

O maior pensamento do ser humano é crescer, evoluir, superar os seus limites, logo não voltará à sua mesmice, uma vez que se tornou capaz de ser melhor do que era antes.

Sempre estamos em desenvolvimento, a fim de superar os limites, aprender cada vez mais e estar sempre atento para aprimorar o conhecimento.

Hoje tenho uma melhor qualidade de vida, sou mais confiante na tomada de decisões no âmbito pessoal e no profissional.

Desejo uma excelente jornada do conhecimento, faça com que sua formação seja luz e irradie por onde passar.

Sucesso! Faça a diferença em sua caminhada de vida.

A vida pode até te derrubar, mas é você quem escolhe a hora de se levantar.
MR. HAN – Karatê Kid (2010)

13

A ESPIRITUALIDADE E SUA CONTRIBUIÇÃO NA SUPERAÇÃO DA DEPRESSÃO

Por muito tempo, a espiritualidade foi vista como antagônica à ciência. Entretanto, atualmente, já se admite, inclusive por meio de pesquisa científica, a relevância da vivência espiritual e sua contribuição para a cura e prevenção de doenças, especialmente no que se refere à saúde mental. Neste capítulo, relato minha experiência de como a espiritualidade me ajudou no enfrentamento da depressão.

EUNICE TEODORA

Eunice Teodora

Contatos
eunice.crescencio@gmail.com
Facebook: Nicinha Santos
Instagram: @nicinha.vg
YouTube: Nicinha Santos

Pós-graduada em Psicopedagogia, bacharel em Psicologia e História. *Coach*, analista comportamental, palestrante, escritora, missionária e servidora pública.

A depressão e a ansiedade são consideradas os males do século que afetam nossa saúde mental, nossos relacionamentos e nossa saúde física, contribuindo para o desenvolvendo de doenças, além de interferir em nossa espiritualidade.

A ciência tem comprovado que a fé e a espiritualidade têm sido grandes aliadas para nossa saúde no tocante à prevenção e cura de doenças.

Pesquisas revelam que a oração e a meditação têm funcionado para muitos como uma espécie de terapia, esse hábito tem sua contribuição especialmente para a saúde mental.

Além de pesquisas científicas que corroboram para esse entendimento, pude viver empiricamente tal fenômeno.

Sempre tive uma vida muito ativa. Desde meus 9 anos de idade, já trabalhava ajudando minha mãe em sua banca de camelô. Portanto, estudava de manhã e trabalhava no período vespertino.

Parecia que eu tinha uma necessidade de sempre estar ocupada e envolvida em alguma atividade, não parava nunca. Um exemplo da minha busca ansiosa por atividades foi no meu ensino médio. À época, me matriculei em duas escolas no mesmo ano, cursava o ensino regular em uma e o curso de magistério em outra.

Além das atividades acadêmicas que sempre ocupavam grande parte do meu tempo, ainda tinham as atividades que desenvolvia na comunidade cristã que frequentava, de modo que tinha uma rotina muito intensa.

Minha vida foi sempre assim, cheia de atividades; durante a semana, estava envolvida com os estudos e, aos finais de semana, realizando as ações na igreja. Parecia-me normal assumir atividades que consumissem todo o meu tempo.

A agitação, o estresse, a impaciência e o comportamento explosivo faziam parte da rotina.

Causava-me demasiada angústia aguardar o tempo das ações alheias, tudo que eu queria era para ontem. Não tinha paciência. Esperar, para mim, era uma tortura. Queria que as pessoas fossem como eu, agissem na minha velocidade e no meu tempo.

Quando as coisas não aconteciam como eu queria, ficava nervosa e estressada.

Em 2001, eu me casei e continuei o mesmo ritmo de vida tensa e agitada. Meu esposo me aconselhava a ter mais calma, e eu reagia impaciente dizendo: eu sempre fui assim e vou morrer assim. Estava sempre em estado de alerta e não relaxava nunca.

Sempre muito ansiosa, preocupada a respeito do futuro e com a administração da nossa casa. Para se ter uma ideia, eu tinha uma agenda onde anotava todas as nossas contas e compromissos financeiros, isso me fazia ficar ansiosa e preocupada, pois temia chegar ao final do mês e não ter condições de arcar com as despesas.

Meu marido e eu viemos de famílias humildes, de modo que tínhamos que trabalhar muito para nossa subsistência ou se quiséssemos adquirir algum bem.

A nossa condição financeira era bastante precária, e a minha saúde mental não estava bem, apesar de não ter consciência disso naquele momento.

Em 2003, eu estava trabalhando no período diurno em uma empresa de eventos e, no período noturno, eu lecionava.

Certa noite, no percurso para a escola, comecei a sentir dor no peito. Ao início da primeira aula, já em sala, a dor no peito voltou, comecei a sentir falta de ar e as mãos formigando.

Fui socorrida, levada à sala dos professores e considerei estar passando por um episódio de infarto.

Levaram-me ao pronto-socorro, aferiram a pressão, fizeram exames e nada foi constatado que justificasse o ocorrido. Fui medicada e encaminhada para casa.

Na manhã seguinte, quando cheguei ao meu trabalho, comecei a sentir novamente os mesmos sintomas da noite anterior. Fui a um hospital e me consultei com um cardiologista.

Ao me avaliar, questionar sobre meu estilo de vida e personalidade, ele me apresentou um diagnóstico de princípio de infarto.

Continuou dizendo que tive a meu favor o fato de não ser obesa, diabética, hipertensa e não fazer uso de álcool e cigarro, mas tinha em meu desfavor o sedentarismo, o excesso de atividades e a personalidade ansiosa.

Segundo o médico, esses fatores foram os responsáveis pela crise que tive. Disse-me que o nosso corpo é uma máquina e os sintomas que tivera eram o meu corpo dando sinal de que não estava bem e que poderia "quebrar" a qualquer momento.

Sendo assim, me aconselhou a diminuir o ritmo, trabalhar menos, pois trabalhava três períodos, orientou-me a fazer atividade física e a mudar meu jeito de ser, ou seja, ser mais calma, paciente, menos ansiosa e controladora.

Afirmou que esse tipo de personalidade é propício para desenvolver problemas cardíacos.

Refletindo sobre essas orientações, pensei: isso é tudo que meu esposo já vem me dizendo, mas como trabalhar menos? Se trabalhando como estou, ainda não estamos conseguindo alcançar nossos objetivos, imagine trabalhando menos! Como mudar minha personalidade e meu temperamento?

Sempre pensei que seria impossível qualquer mudança, pois acreditava que nascera assim e que morreria assim. E pelo que o médico dissera, poderia mesmo morrer.

Diante disso, me vi em um dilema sem solução, não queria morrer, mas também não via possibilidade de mudança.

As crises voltaram e, dessa vez, vários episódios ao dia. Tinha a sensação de que morreria, que havia chegado a minha hora, o medo e o pânico tomavam conta de mim.

Pedi demissão da empresa onde trabalhava durante o dia. Agora, a preocupação de manter a nossa casa e os nossos compromissos eram maiores, pois teríamos um recurso a menos.

Mesmo assim, as crises continuavam. Não conseguia ficar sozinha, dormir nem me alimentar. Parecia que a qualquer momento teria uma nova crise e que dessa vez seria fatal.

Veio à minha mente que, no ano anterior, minha sogra e dois amigos muito queridos haviam falecido com problemas cardíacos.

Meus amigos eram jovens, um tinha 18 e outro 24 anos de idade, e esse último, antes de falecer, havia sentido sintomas idênticos aos meus, logo conclui que seria a próxima a morrer.

Só então estava tomando consciência do quanto essas perdas haviam me afetado.

Meu esposo já não sabia mais o que fazer comigo, pois não conseguia ficar em casa sozinha; sendo assim, tinha que me levar com ele para o trabalho.

Quando não podia acompanhá-lo, ficava na casa de alguma amiga, mas sozinha nem pensar.

Tinha que entrar em todas as farmácias que via para aferir minha pressão. Ninguém entendia o que estava acontecendo comigo, pois sempre fui forte, corajosa, determinada e ativa. No entanto, agora me tornara fraca, medrosa e dependente.

Sentindo-me mal, fui a outro cardiologista e fizemos novos exames. Após análise, o médico disse que meu coração estava ótimo e recomendou-me uma consulta ao psiquiatra.

Relutei. Psiquiatra? Médico de louco? Eu não sou louca! Mas diante da situação, não custava nada uma última tentativa.

O psiquiatra diagnosticou-me com depressão causada por estresse e ansiedade. Quase não acreditei, pois, para mim, depressão era uma doença advinda de uma tristeza profunda em decorrência de perdas importantes e, na minha concepção, não tinha acontecido nada para justificar o desencadeamento dessa doença, ou as mortes de minha sogra e dos meus amigos haviam me afetado sem que eu tivesse consciência disso?

Fato era que eu não conhecia quase nada sobre essa doença e tinha uma visão equivocada, assim como muitas pessoas ainda têm. Porém, o médico me explicou que a depressão é a diminuição de neurotransmissores que produzem sensação de bem-estar, que repõem a energia do corpo e tranquilizam a nossa mente.

Ele me esclareceu que a minha depressão se desenvolvera pelo fato de eu estar sempre ansiosa, isso fazia com que aumentasse o nível do hormônio do estresse, o que provocava a diminuição dos hormônios da alegria e do bem-estar, de modo que eu precisaria iniciar um tratamento medicamentoso para equilibrar o organismo, além de usar um medicamento para induzir o sono, pois não estava conseguindo dormir.

Comprei os medicamentos e, quando li a bula, como quase todo mundo que está nessa condição faz, achei que seria melhor nem os tomar, mas meu esposo me orientou e, como eu estava realmente muito ruim, resolvi tomar.

Mesmo fazendo uso da medicação, não senti nenhuma mudança de imediato, pelo contrário, parecia que a ansiedade e as crises aumentavam cada vez mais, de modo que resolvi interromper o uso por conta própria.

Meu suplício continuava, durante o dia tinha várias crises, falta de ar, dor no peito, oscilação da pressão arterial, sensação de sofrer um ataque cardíaco e estar em constante perigo eminente de morte. Era horrível!

Quando começava a anoitecer, já me batia o desespero, pois sabia que ia ter uma longa noite de angústia.

As noites eram um pesadelo, meu esposo deitava-se para dormir e eu ficava sentada vendo a noite passar.

Estou narrando com alguns detalhes, pois acredito que dessa forma poderá ajudar quem esteja passando pela mesma situação.

Após mais uma crise dessas, fui internada em um hospital para tratar de uma infecção urinária.

No hospital, durante a madrugada, saí do quarto onde estava e me deitei em um banco no corredor próximo ao posto de enfermagem, pois pensava "se tiver uma crise, até as enfermeiras chegarem ao quarto, poderei morrer, mas se ficasse por perto terei mais chances de ser socorrida".

Era uma madrugada muito fria naquele mês de junho, de modo que não conseguia dormir, estava tremendo de frio.

De repente, foi como se ouvisse uma voz dizendo: "o que você está fazendo ai? Você pensa que se a morte vier alguma dessas pessoas poderão te salvar? Não podem, nenhuma delas pode fazer nada por você. Só eu posso te salvar, sou eu que dou a vida".

Lembro-me de ter falado na minha mente: Senhor, perdão por minha falta de fé! Levantei-me e voltei para o quarto, onde dormi o resto daquela noite.

Recebi alta, voltei para casa e os episódios das crises continuavam, mas a lembrança do que acontecera no hospital não saia da minha mente.

Certa noite, ali acordada, comecei a falar com Deus: Senhor o que está acontecendo comigo? Eu preciso dormir. Eu preciso voltar a ser quem eu era, ativa e ágil.

Comecei a pedir que o Senhor me mudasse, transformasse meu jeito de ser, já que era isso que estava prejudicando minha saúde.

Clamei para que Ele me tornasse uma pessoa mais calma, mais paciente, que aumentasse a minha fé e a minha confiança Nele.

Eu reconhecia que apenas uma intervenção divina poderia transformar minha personalidade e o meu jeito de ser.

Já que não me adaptara às medicações e não entendia bem o que estava acontecendo comigo, comecei a questionar a Deus e Ele me fizera lembrar de como sempre cuidara de mim, desde meu nascimento até aquele momento.

Busquei meditar na Palavra do Senhor e confiar que Ele estava à frente de tudo.

Fazendo esse exercício, veio à minha mente o texto de Mateus 6:25-34.

Compreendi que minha ansiedade deveria ser combatida com a fé em Deus. Consegui tomar consciência de que a ansiedade não me ajudara em nada; pelo contrário, só me levara a desenvolver essa doença.

Entendi que se Deus cuidava das aves e das flores, cuidaria também de mim. Portanto, não precisava ficar preocupada e tentando controlar o futuro.

Lembrei-me do texto de Salmos 139:16. Compreendi que Deus conhecia todos os meus dias e que, como um pai, Ele tinha planos e sonhos planejados para mim antes mesmo do meu nascimento. Portanto, não precisava ter medo da morte, pois todos os meus dias estavam sob Seu controle.

Outra meditação que fez a diferença na minha vida foi o texto de Jeremias 29:11. Essa passagem me fez entender que não precisava me preocupar com o futuro ou como conseguiria conquistar meus sonhos, pois Deus tinha os planos Dele para minha vida, e esses eram muito melhores do que os meus.

Comecei a buscar ao Senhor, passei a clamar e a me entregar todos os dias em oração, pedindo que Ele me curasse, me transformasse e realizasse seus planos e sonhos em minha vida.

Parece inacreditável! Fui melhorando a cada dia. Deus não somente restabeleceu minha saúde como também começou a realizar Seus planos em minha vida.

Ele realizou o milagre da minha transformação, quem eu era antes e quem me tornei depois dessa experiência. Como se não bastasse todas as bênçãos espirituais que recebi, Deus também me concedeu muitas bênçãos materiais, em menos de um ano, minha vida se transformou por completo.

Me tornei psicóloga do Sistema Penitenciário e criadora do projeto "Viver", que tem por finalidade ofertar atendimento psicológico para pessoas de baixa renda, além de atuar como voluntária em ações de apoio humanitário.

Hoje reconheço que tive depressão e síndrome do pânico, entendo que, quando nossa saúde mental não está bem, nosso corpo todo é afetado.

Quando estamos com depressão ou outro tipo de transtorno mental, ficamos propensos a desenvolver também doenças físicas, as quais temos predisposição, pois mente e corpo estão intimamente ligados.

Creio plenamente no poder da ciência em nos auxiliar no enfrentamento das doenças, mas por meio de minha vivência e de tantos relatos que corroboram com o meu, posso afirmar com convicção que a espiritualidade é uma importante aliada na prevenção, no tratamento e na cura das doenças.

Referências

MELGOSA, J. *Mente positiva*. Tradução: Lucinda R. Oliveira. Tatuí: Casa Publicadora Brasileira, 2009.

MIRANDA, S.L.; LANNA, M. A. L.; FELIPPE, W. C. Espiritualidade, depressão e qualidade de vida no enfrentamento do câncer: estudo exploratório. *Psicologia: Ciência e Profissão*. Brasília 35, 870-885, 2015. Disponível em: <https//doi.org/10.1590/1982-3703002342013>. Acesso em: 29 ago. de 2021.

NEDLEY, N. *Como sair da depressão: prevenção, tratamento e cura.* Tradução: Carlos G. Michel. Tatuí: Casa Publicadora Brasileira, 2009.

RODRIGUES, I. S.; LOPES, L. B. A influência da espiritualidade no tratamento de pacientes com depressão: uma revisão integrativa da literatura. 2020. 8f. *Parte do Trabalho de Conclusão de Curso do primeiro autor* (Graduação em Psicologia). UNIVIÇOSA, Viçosa, 2020. Disponível em: <https://academico.univicosa.com.br/revista/index.php/RevistaSimpac/article/view/1317/1390>. Acesso em: 22 jun. de 2022.

14

INCRIVELMENTE MATERNA

Falar sobre grandes mulheres é um desafio muito significativo, afinal, o feminino em si é imenso. Ser mulher é carregar a vida, é viver em ciclos, é amar o próximo, é doar-se e não se deixar abater. Sei que as opiniões sempre divergem, mas vou falar da minha mulher, porém, não eu, mas a que veio antes. Sendo essa visão romântica ou não, é o que sinto e o que vejo, é o que vivi enquanto um ser feminino.

FERNANDA DINIZ DE OLIVEIRA CAMPOS

Fernanda Diniz de Oliveira Campos

Contatos
fedinizcampos@hotmail.com
11 98129 3756

Sou fonoaudióloga, trabalho com linguagem e neuropediatria. Mãe de dois filhos, esposa, irmã e amiga. Estudo constelação familiar. Fui coordenadora de saúde da APAE de Mogi das Cruzes. Sempre trabalhei com mulheres e mães, principalmente as mães atípicas. Por atuar na linguagem, tento dar voz aos que não têm e ouvido aos que precisam. Esse é meu segundo projeto pela editora e espero colaborar sempre.

Tantas mulheres vêm à minha cabeça. Fui criada por lindas e fortes, tenho amigas e suas histórias, tias-avós, professoras, irmã, filha, atrizes, militantes, escritoras. Mas uma em especial faz vibrar meu coração quando penso em mulher: minha mãe, aquela que veio antes, a que está em mim e que virá depois, na minha filha e nas minhas netas. Meu passado, presente e futuro. A mulher que me deu a vida, a quem honro toda a minha existência. Carrego na minha essência seu DNA e com ele suas escolhas, seus traumas, suas histórias, tendo assim propriedade para falar de sua grandeza.

Antes da sua concepção, já era especial. Foi gerada após um câncer de útero, doença ruim, como era chamada na época, década de 1940. Minha avó havia sido desenganada, quando bateu em sua porta uma senhora vendendo panos de prato e, vendo seu sofrimento, ofereceu ajuda. Disse que tinha em sua casa uma erva milagrosa, que tudo curava, e que, se minha avó acreditasse, fosse buscar e fazer banho de assento. Sem ter nada a perder, meu avô foi até a casa da mulher, buscou as ervas, e minha avó se banhou e se curou. Ninguém acreditava. Meu avô foi então novamente à casa da senhora agradecer. Mas quando chegou, a casa estava vazia. Perguntou à vizinhança e todos descreveram a mulher, porém com um detalhe: ela já havia morrido há anos. Um anjo? Não sei, mas minha avó crente em Nossa Senhora de Fátima acreditava que sim. Um anjo enviado por Deus para garantir-lhe mais uma gestação. Seu útero não podia apodrecer sem gerar a vida de sua caçula, minha mãe, Maria Aparecida, ou apenas Cidinha, como amava ser chamada.

O parto não podia fugir à maestria, gravidez bastante comemorada, a caçula, temporão, nasceu de modo também diferente, numa bolha. Para minha avó, aquilo foi uma proteção de um útero machucado; mas, na verdade, era a placenta que não se rompeu. Diziam que minha avó ficou segurando aquela placenta e agradecendo a todos os santos, deuses, deusas, entidades espíritas sem religião específica, agradeceu a todas as crenças até que a bolha se rompeu e seu bebê caiu em seu colo. E assim se iniciou o ciclo de minha mãe. Assim começou sua história aqui na Terra.

Poderia perder páginas escrevendo sobre sua infância e sua história com sua família de imigrantes portugueses que fugiram de Portugal de forma complicada, mas vamos deixar isso para outro momento e ater-me à minha mãe como mulher.

Em junho de 1965, mamãe casou-se com papai, Sr. Olavo, seu melhor amigo; cresci ouvindo ela dizer: – Case-se com seu melhor amigo, a paixão acaba, a beleza acaba, mas a amizade nutre o amor!

Assim começou sua história de mulher, era tão nova, tinha 20 anos e pouco conhecia da vida, afinal, a caçula de uma família de classe média tinha sido criada para cuidar. Não terminou os estudos, pois seu objetivo era casar-se e constituir família, não que fosse sua escolha, mas foi o que sua sociedade lhe impôs, e ela acreditou que seria o melhor. Anos depois veio o remorso, dizia que deveria ter estudado, queria ter feito psicologia para ajudar os outros, mas não se arrependia de suas escolhas. Em contrapartida, sempre estimulou eu e minha irmã a estudarmos. Queria que realizássemos seus sonhos. Antigamente as pessoas diziam que mãe de miss era aquela que via na filha o que não pôde ter sido, nesse caso, minha mãe era mãe de universitária.

O casamento dos meus pais foi marcado por cumplicidade, registrado por bilhetes e cartas que trocavam entre si. Todos os dias trocavam bilhetes de amor. Mas especialmente aos domingos, quando meu pai comprava um buquê de flores e lhe escrevia um lindo cartão.

As flores não podiam faltar, porque minha mãe amava enfeitar a casa, dizia que flores traziam vida ao lar e que deveríamos devolver ao lar a alegria de sermos protegidos por ele.

Mamãe teve seis filhos. Um número grande já para época. As mulheres estavam ganhando espaço, mamãe admirava Elis Regina, Leila Diniz, mas amava sua vida de mãe. Ela amava o comercial do cigarro Charming da década de 1980, em que uma linda mulher com cabelos esvoaçantes fumava seu longo cigarro, imaginava todo poder e independência que aquela mulher de grandes ombreiras representava, mas se contentava com seu vestido solto e cabelo de laquê, que considerava prático para os afazeres diários.

Mamãe não trabalhou fora naquela época, mas comandava e administrava um batalhão. Eram seus filhos, quatro homens e duas mulheres. A casa sempre cheia: filhos, amigos, namorados e namoradas dos filhos, parentes, compadres, a turma toda do rock dos anos 1980. Nossa casa era a mais movimentada, a mais agitada, eram jovens saindo e entrando, e mamãe sendo a mãe.

Papai era um empresário bem-sucedido, o que nos dava segurança financeira de viver nessa grande casa. Mamãe administrava o lar, os filhos, a família. Mas o amor e a admiração mútua eram encantadores. Ele dizia que ela era sua inspiração, que ele podia comandar empresas e funcionários porque tinha a seu lado uma grande mulher, que era seu alicerce, sua base. E mamãe, por outro lado, dizia que sua família era importante, que cuidava de tudo com muito amor, mas que, se um dia Deus lhe colocasse para escolher entre seu marido ou seus filhos, ela não pensaria duas vezes e fugiria com papai. Quanta loucura e quanta sabedoria em uma única mulher! Quando criança, achava essa fala um absurdo, mas hoje vejo quanta verdade havia nela. O amor deles era tão grande, muito além de tudo que eu possa ter visto. Era maduro e respeitoso. Ela sabia que um dia os filhos iriam embora, que aquela loucura de casa um dia silenciaria, mas que seu amor lhe acolheria sempre; mesmo que separados fisicamente, era esse amor que a mantinha viva.

Mas não, ela não era boazinha como até aqui parece que descrevi; ela era briguenta, escandalosa, desbocada, falava palavrão e respondia torto a qualquer opinião adversa. Era diferente das donas de casa, sempre submissas; pelo contrário, a última palavra era sempre dela. Fosse pela boca, ou pela chinelada, vassourada, puxão de cabelo e até um violão quebrado na cabeça do meu irmão caçula, detalhe o violão era do outro, que aguentou calado seu prejuízo sem ter culpa de nada.

Muitas pessoas se incomodavam com seu jeito sincero demais, desbocado demais, brincalhão demais. Mas para nós, que convivíamos com ela, era o que mais amávamos, porque esse seu jeito nos trazia a liberdade de sermos nós mesmos, de conversarmos com ela sobre qualquer coisa. Essa sua personalidade exclusiva e explosiva nos acolhia. Sua gargalhada alta ecoava na cozinha invadida pelo som de Roberto Carlos no seu rádio... Ah, a cozinha! Era seu mundo, dominava as panelas e ali sentava à mesa para nos ouvir e aconselhar.

No final de década de 1990, nossa vida virou de cabeça para baixo, foi o fechamento de um ciclo e início de outro não tão colorido assim. Papai faliu. Perdemos todas as empresas, os imóveis e, de um dia para o outro, não tínhamos mais nada, apenas uns aos outros e nossa grande casa.

Nesse momento vi morrer a dona de casa e nascer uma grande mulher. Já sabia que não seria diferente, conhecendo Dona Cidinha, mas suas atitudes surpreenderam. Papai entrou num processo de depressão, como não seria diferente, e ela, como grande líder, tomou a frente de tudo. Naquele momento descobri o real valor de uma mulher, a real força que carregamos dentro de nós.

Meus irmãos resolveram tocar a vida, se libertar das sombras das empresas do papai — afinal, até então, trabalhavam para ele — e resolveram abrir um restaurante. Na verdade, alugaram um ponto comercial, sem saber o que fazer, e Dona Cidinha, ao entrar ali, falou: — Aqui dá um belo restaurante! E com a ajuda da mamãe, meus irmãos abriram as portas. Dona Cidinha ocupou a cozinha, lugar que amava, e como dizia: — Cozinhei a vida toda para um batalhão, por que não assumir mais panelas?

E assim ela levou a vida, transferiu para o restaurante seu lar. Na cozinha, ainda Roberto Carlos, e nas mesas agora estavam os clientes que a procuravam para um conselho, ali ela fez novos filhos. E os papéis se inverteram, o que antes era a Cidinha do Olavo passou a ser o Olavo da Cidinha do restaurante. E ela se divertia com tudo.

Mas a depressão de papai não curou, ele não conseguia aceitar a reviravolta de sua vida, também não achava certo mamãe trabalhar tanto. Sua doença se materializou e ele desenvolveu um câncer.

Novo ciclo em nossa família, mamãe novamente abriu mão de tudo para cuidar de meu pai. Era médica, enfermeira, curandeira, esposa, animadora de festa. Não deixava ele se abater mesmo com pouca saúde. Lembro-me de um dia, ele agonizando, ela abriu a janela do quarto e gritou: — Olavo, olha o sol! Ainda há vida! E gritava o nome dos filhos e netos dizendo que todos estavam atrás daquela janela, que ele não podia desistir.

Ele se foi, e mais um ciclo se iniciou: aprender a viver uma nova vida na terceira idade e agora sozinha. Apesar de sofrer a ausência de papai, ela fez novos amigos, passeou, viveu. Sempre na saudade de seu grande e único amor. Ela lia e relia suas cartas, se entregava no sentimento, mas não desistia da vida. Nos ensinava todos os dias como sorrir. Entrou comigo no meu casamento, esteve no parto dos meus dois filhos e, enquanto todos se preocupavam com o novo bebê, ela acariciava meus cabelos e dizia: — Deixe todos olharem seu bebê, eu ficarei aqui com a minha bebê.

Quase dez anos depois da partida do papai, chegou o dia de nossa despedida e, como alguém que nasceu brilhante, assim foi também sua partida. Eu estava indo para um congresso quando ela foi para a UTI, pensei em desistir de viajar, mas ela me pediu: "Vá filha! Aqui você não terá o que fazer! Vá estudar, cuide da sua profissão, seus irmãos estão aqui. Além do que, você vai para a cidade onde eu mais gostava de passear com o papai. Pense em nós dois juntos". Essa foi nossa última conversa. Ela me entregou sua aliança e seu colar e pediu que eu cuidasse. Fui viajar, foram dias tensos, estudando e pensando na mamãe, tentava me divertir, mas por dentro doía muito. No domingo, último dia de congresso, almoçamos em um restaurante maravilhoso, cheio de copos-de-leite, a flor favorita de minha mãe. Fui até a dona do restaurante e pedi: "Posso levar um copo-de-leite para minha mãe? Ela está na UTI e essa é sua flor predileta". A senhora me ofereceu todas as flores, mas eu só quis uma. Uma flor para minha mãe. Nesse momento senti um alívio enorme, uma sensação boa no coração, olhava para aquela flor com muito carinho. Na estrada de volta, recebi a ligação que ninguém quer ouvir: mamãe havia partido. Questionei tanto Deus nesse momento, me culpei por não estar ao seu lado nessa hora, sempre cuidei de tudo e agora estava de mãos atadas. Cheguei e fui ao velório, seu corpo ainda não estava lá. Aguardei sozinha, apenas eu no velório para recebê-la. Quando chegou, olhei para mamãe e a entreguei seu copo-de-leite. Coloquei em sua mão e disse "leve ao papai, a vida toda ele te deu flores no domingo e, nesse domingo, você vai retribuir". Ela escolheu levar também todas suas cartas e bilhetes, dizia que queria que colocássemos tudo com ela em seu caixão, porque passaria a eternidade junto a papai lendo suas histórias, que para nós não passariam de um monte de papel que um dia sumiria. E lá estava ela, com suas cartas, sua flor, seu amor e sua história.

Escrevi toda essa história da minha mãe em um livro sobre mulheres incríveis. Aí você pode pensar: mas o que fez ela de tão especial para ser tão incrível? Nada, ela não fez nada para ser tão incrível, ela foi mulher.

Quis mostrar aqui que, mesmo as mulheres simples, de qualquer lugar, qualquer crença, devem ser consideradas incríveis. A essência feminina é algo radiante. Como já dizia Rita Lee: "Mulher é bicho estranho, que sangra todo mês". Sangue que traz a vida, sangue que transforma nosso corpo e nossa personalidade. Somos marcadas pelo amadurecimento da menstruação e da menarca, pelo intervalo da menstruação na gestação. Ser mulher é carregar o mundo dentro de si.

E minha vida foi repleta de mulheres, aquelas que carrego no meu DNA e aquelas que aprendi a amar, foram Cidinhas, Laurindas, Alices, Ângelas, Aparecidas, Irenes, Anas, Renatas, Lívias, Keilas, Marinas, Robertas, Betânias, Jussaras, Karens... todas elas sou eu, e eu sou incrível.

Toda esta história contada até aqui não pode deixar também tudo tão poético. Óbvio que também tive traumas de infância, sofri com o que considerava abandono, afinal, uma mãe como Dona Cidinha não podia estar em todos os lugares ao mesmo tempo. Isso feriu minha criança interna, de menina mimada que não sabia dividir, mas hoje, como mulher, consigo enxergar todas as virtudes vindas desse trauma e como nós mulheres superamos qualquer coisa.

Com minha mãe aprendi a realidade, aprendi que posso chorar, sorrir, me maquiar e maquiar a vida se preciso for. Dona Cidinha, uma mulher qualquer entre todas as mulheres, que foi filha, mãe, esposa, irmã, amiga, administradora, cozinheira, foi mulher e homem, foi deusa e portadora de muita sabedoria. Ela foi tudo isso que veio das suas ancestrais, da sua raiz, e que eu passarei aos meus descendentes, honrando todas as mulheres da minha existência.

15

NOVA ERA E SAÚDE MENTAL

Neste texto, a autora define, por meio de uma linguagem simples e de fácil compreensão, o que vem a ser saúde mental dentro deste momento de transição planetária que estamos. Teremos algumas reflexões de como sair das distorções criadas pela nossa mente, que tanto nos faz sofrer. Além de sugestões de como podemos desenvolver algumas habilidades internas - como a intuição por exemplo - que podem nos auxiliar a descomplicar o que problematizamos, promovendo assim a construção de uma vida mais leve e feliz.

KARINA PICON

Karina Picon

Contatos
kapicon@hotmail.com
Instagram: @kapicon
17 99106 2688

É de Catanduva, São Paulo. Formada em Psicologia pela PUC-Campinas, em 1997, e especialista em Terapia de Casal e Família pelo Instituto Bauruense de Psicodrama. Atua na área clínica, com atendimento presencial e on-line. Já tem 2 livros infantis publicados: *A descoberta dos dons – uma lição para toda a vida* e *A bolha de Maju*.

Nos últimos tempos, nunca se falou tanto em transição planetária, surgimento de uma nova era, especialmente entre aqueles que acreditam que o mundo vai muito além dos nossos cinco sentidos sensoriais (visão, olfato, paladar audição e tato). Mas, na realidade, o que vem a ser isso e quando realmente tudo começou?

O início da nova era pode ser compreendido como uma fase transitória permeada de acontecimentos desafiadores repercutidos em todo o planeta. É uma fase de preparação à "nova Terra", na qual as pessoas terão a oportunidade de desenvolver um nível de consciência mais elevado tendo como objetivo a construção de um mundo melhor.

Sabemos que uma grande revolução interna antecede toda e qualquer mudança extraordinária.

Não considere apenas as grandes mudanças (escolher uma carreira, encontrar o grande amor da sua vida, casar-se ou separar-se, mudar de cidade, abrir seu próprio negócio, comprar sua casa própria, ter ou não ter filhos, realizar a viagem dos seus sonhos) como definidoras de uma vida plena e realizadora. É claro que essas mudanças exercem um impacto muito mais notável à nossa percepção por estarem entre os pilares de sustentação das nossas vidas, mas são nas sutis escolhas diárias, e não tão visíveis aos olhos dos outros, que consiste a nossa verdadeira evolução e crescimento.

Nossa saúde mental é definida pelo nosso compromisso em criar e sustentar escolhas diárias que elevem nossa vibração na sintonia do amor, da alegria e da gratidão.

É assumir total responsabilidade pela nossa vida, pelas escolhas que fazemos e pelas consequências que virão por meio dessas escolhas, mais que isso, é aceitar o lugar no mundo que você escolheu, sem se preocupar em agradar ou não os outros. É dar o nosso melhor, realizar nossas tarefas sem queixas e lamentações, na certeza e na confiança de que o melhor sempre acontece para nós. É se observar e pedir ajuda se precisar, sem romantizar como Mulher-Maravilha a mulher sobrecarregada. É não precisar dar conta de tudo para sentir-se bem e valorizada; afinal, dar conta de tudo é não dar conta de si mesmo. É entender e aceitar que a felicidade não ocorre todos os dias e que nós precisamos de força e coragem para encarar os momentos de dificuldades.

Já dizia a banda Charlie Brown Jr: "Dias de luta, dias de glória".

Os dias de glória dificilmente existirão sem você ter passado antes por dias de muita luta e persistência. Afinal, ninguém chega ao topo da montanha sem antes ter passado por diversos obstáculos. E são esses mesmos obstáculos mais a sua capacidade em ouvir e seguir sua voz interna que vão torná-lo mais forte e preparado para viver as verdadeiras alegrias da alma.

Saindo das distorções da mente

Definimos como distorções da mente as formas distorcidas que as pessoas têm de interpretar determinadas situações do dia a dia, tirando conclusões precipitadas e, na maioria das vezes, errôneas. Eis alguns exemplos: tentar adivinhar o que o outro está pensando, rotular uma pessoa e defini-la por uma determinada situação isolada, polarizar uma situação como tudo ou nada, entre outros pensamentos que trazem sofrimentos desnecessário.

Vamos fazer algumas reflexões visando desenvolver práticas que promovam uma vida mais plena e feliz .

A intuição, aquela voz interna que vem do coração trazendo uma resposta mais clara e verdadeira de qual caminho seguir, pode ser sua grande aliada.

A mente racional tem uma visão limitada da realidade, além de ser altamente influenciada por nossas crenças e paradigmas, impedindo, muitas vezes, de acessar a sua intuição.

Cuidado com sua mente racional, ela mente para você.

O mundo é exatamente o que você pensa que ele é, nada mais e nada menos. Tudo depende da forma como você enxerga a vida, é o nosso olhar que define o mundo que temos. Quanto mais memórias de sofrimento e dor, maior é a nossa distorção. Quanto mais memórias de afeto e gratidão, mais enxergamos a vida de uma forma amorosa e compassiva. A nossa realidade se cria de acordo com as nossas crenças, o nosso pensar cria a nossa realidade. Uma nova forma de compreender isso é analisar as experiências que tivemos, aquilo que vem de dentro de nós: pensamentos, crenças, ideias, desejos e ambições.

Tudo o que você deseja é possível realizar, está tudo interligado, sem limites. O que você acredita ser limitante, aquilo que você teme, está apenas na sua mente. Quando queremos algo, e se esse for um desejo real da nossa alma, podemos realizar, mas antes é preciso convencer nossa mente e superar nossas crenças limitantes que foram criadas pelas experiências que vivenciamos ao longo de nossa vida.

Toda e qualquer experiência contribuiu para o estado da mente e para a formação da nossa personalidade. É por meio dessa mente que tudo acontece, os limites que vemos são limites que nós mesmos colocamos, logo, mudando nossa mente, mudamos nossa vida, e só assim podemos viver as infinitas possibilidades que o universo nos traz.

Se não mudarmos o que pensamos, transformando nossos medos em coragem, viveremos uma vida limitante, seguindo no automático e na mesmice de uma vida na qual nos acomodamos e vamos acreditando que viver seja um tédio, uma verdadeira chatice.

Tudo em que você coloca atenção se expande; a energia flui para onde sua atenção vai. Nosso foco segue nossos pensamentos, quando damos atenção aos nossos sonhos e projetos, é para lá que caminha nossa energia e é assim que criamos a realidade que sonhamos, daí a importância de treinarmos nossa mente a enxergar sempre o lado positivo das coisas. Observe a direção da sua atenção e, se preciso, mude a rota para o que faz bem a você e àqueles a sua volta.

Só temos o agora, o passado já se foi, o futuro não chegou, o momento de agir é agora. O agora é realmente o único momento real, a única possibilidade de mudar sua vida.

É agora que podemos realmente agir e realizar nossos sonhos. Cometemos um grande erro quando vivemos em nossas mentes o passado ou o futuro. Observe-se e se proponha a viver o momento presente, é aí que está todo o seu poder. É no presente que podemos escolher agir de forma a mudar todo o nosso futuro; preste atenção se suas escolhas atuais estão alinhadas aos planos que quer realizar.

Além disso, nosso corpo costuma enviar pequenos sinais de como reagimos a tudo que acontece ao nosso redor, alguns exemplos dessas sutis mensagens são: frio na barriga, taquicardia, respiração profunda ou ofegante, coceira no nariz, franzir a testa, fechar os olhos, entre outras.

A cada sinal percebido, pela auto-observação, procure identificar como seu corpo reage a cada emoção presente, por exemplo: quando sinto medo, sinto frio na barriga; quando discordo de algo que ouço, coço o nariz; e assim por diante, permitindo conhecer e sentir cada um desses sinais sem precisar necessariamente agir ou reagir a eles.

Sabe aquelas passagens da vida que gostaríamos de ter a oportunidade de voltar atrás e fazer tudo diferente?

Identificar e aprender com os erros do passado nos deixam mais atentos às decisões tomadas no futuro. Retrospectivas mentais nos ajudam a identificar os sinais que tivemos mas que negamos. Quando esses sinais surgirem novamente, ouça sua intuição, ela te ajudará a fazer escolhas melhores.

Você sabe quais são os seus medos?

Fazer uma lista e identificar quais são os seus medos ajudará a enfrentá-los. Coragem não é a ausência do medo, é sentir o medo e, mesmo assim, fazer o que for preciso, é agir, é ter atitude, é "sair da zona de conforto", é encarar o que tentamos evitar (uma conversa difícil ou uma decisão importante, por exemplo), é parar de adiar o nosso alívio e resolver o que tememos.

Para acessar nossa voz interna, precisamos silenciar nossos ouvidos externos, a intuição fala baixinho, tão baixo que é impossível ouvi-la em ambientes barulhentos. Diariamente, reserve um tempo para ficar em silêncio e poder ouvir o que seu corpo e coração estão tentando dizer a você. Esse tempo pode vir por meio da meditação, da oração, de uma caminhada em contato com a natureza, praticando ioga, tomando um chazinho enquanto escuta uma música que remeta bem-estar, escrevendo sobre o que está sentindo. O importante é criar um momento calmo e agradável para acessar esse silêncio precioso.

Você tem o hábito de sonhar acordado? Já ouviu dizer "mentaliza que realiza"?

Se não, vale a pena experimentar os inúmeros benefícios dessa ferramenta de materialização, é como assistir a um filme da própria vida, dando o desfecho que queremos. Quando sonhamos, somos livres para sentir e desejar, não temos obstáculos nem consequências reais.

Tire um tempo para imaginar algo que deseja muito e observe como sua rotina mudaria, quais seriam suas conquistas e sensações com a realização desse sonho.

Por meio desse simples exercício, você cria força, coragem e energia para enfrentar e superar os obstáculos da vida real.

O que você faz que te deixa feliz e que não vê o tempo passar?

Lembra quando você era criança, passava o dia brincando e não via o tempo passar? É disso que estou falando, se entreter em uma atividade como nos velhos tempos, arrumar um tempinho para esvaziar a mente e entrar em contato com seus sentimentos. Pode ser cantando, dançando, pintando, escrevendo, montando um quebra-cabeça, mexendo com as plantas, colocando uma luva de boxe e suando muito; enfim, deixe sua imaginação levar para onde você quiser.

Essa é uma maneira leve e divertida de restaurar nossas energias e deixar nosso dia mais colorido.

Sabe aquela voz chatinha que insiste em colocá-lo para baixo dizendo que não é bom o suficiente e que outras pessoas merecem mais que você? Chegou a hora de colocá-la ela na parede e lembrar que a autocrítica só serve para nos impulsionar na criação de nossa melhor versão e não de nos impedir de escutar e seguir o que queremos de verdade.

Quanto mais nos valorizamos, mais nos sentimos merecedores das coisas boas da vida; e quanto mais nos depreciamos, menos merecedores nos sentimos.

Muitas vezes novas oportunidades insistem em aparecer mais de uma vez quando estamos distraídos. Percebemos essa sincronicidade em algum tema recorrente que aparece em forma de um livro, um curso, uma postagem nas redes sociais, temas de conversa, mas como estamos muito ocupados vivendo o automático não damos a menor bola. Quando sua intuição quer falar com você, ela tenta chamar a sua atenção de várias maneiras, observe os sinais e esteja pronta para escutá-la.

A indecisão é sempre causadora de muitos conflitos em nossa vida. Não saber o que se quer pode te fazer não sair do lugar. É importante fazer alguma coisa, ter alguma atitude; estar em movimento permite ter a percepção do que você gosta ou não de realizar.

As decisões que trazem mais satisfação são justamente aquelas que mais tememos encarar. Mesmo quando achamos que tomamos as melhores decisões, ainda assim, podemos errar; achamos que é a intuição nos guiando, mas pode ser uma projeção da nossa mente. A verdade é que errar faz parte da vida e é assim que a gente aprende, melhor errar por ação do que por omissão. Decisões baseadas em nossa intuição são aprimoradas conforme exercitadas. Siga sempre sua voz interna, ela não te engana jamais.

No espetáculo da vida, nós podemos estrelar a nossa melhor versão todos os dias, temos a oportunidade de nos refazer e nos reconstruir a cada segundo.

Quem não acompanha o fluxo da vida, ficando estagnado onde está, perde as infinitas possibilidades que a vida nos traz de viver e ser feliz.

A existência é incrível, a cada segundo temos a oportunidade da transformação, não somos, nem poderíamos ser, os mesmos o tempo todo, a vida é movimento e mudança.

Quando entendemos que a impermanência e a imprevisibilidade são leis divinas e naturais, passamos a aceitar e a acolher cada momento vivido, seja ele visto aos nossos olhos como negativo ou positivo, como apenas mais uma experiência vivida, saindo da distorção de reclamar e lamuriar o tempo todo.

Navegar é preciso, mas para onde?

Para o coração da mulher. Siga sua voz interna e seja feliz!

Referências

DIVALDO, F. *No rumo do mundo de regeneração*. Editora Leal, 2020.

ECKHART, T. *O poder do Agora*. São Paulo: Editora Sextante, 2002.

MÜLLER, S. *Ho'oponopono: conheça, entenda, pratique*. São Paulo: Book Express, 2020.

SHINN, F. S. *O caminho mágico da intuição* [traduzido]. Rio de Janeiro: Bruno Padilha, 2017.

16

OS 5 A'S DA ESTIMA

Você encontrará, nas próximas páginas, os **5 A's da Estima**, um método idealizado por mim para elevar a autoestima. Você conhece o poder de uma autoestima blindada? Quando você eleva a sua autoestima, você consegue ser autêntico. Você usa suas habilidades, qualidades e competências para trilhar uma história de liberdade e sucesso.

Autoestima = Autoconhecimento + Amor-próprio + Autorrespeito + Autoconfiança

LAISY GUEDES

Laisy Guedes

Contatos
www.*flow*code.com/page/laisyguedes
www.ibc*coaching*.com.br/*coach*es-formados/*coach*es/laisyguedeschaves/profile/
laisyguedess@gmail.com
Instagram/Facebook: @laisyguedes
LinkedIn: Laisy Guedes
31 99771 1844

Master coach com MBA em Gestão de Pessoas, pelo Instituto Brasileiro de Coaching (IBC), reconhecido internacionalmente pelo International Association of Coaching (IAC), pela Global Coaching Community (GCC), pelo Behavior Coaching Institute (BCI) e pelo Internacional Coaching Council (ICC); e pós-graduada em Psicologia Positiva e *Coaching* pela FAVENI (2022); gestora e analista de perfil comportamental (2021) pela Febracis; MBA em Secretariado e Assessoria Executiva (2012); formada em Licenciatura Plena em Educação Física (2008). Certificada em *Competency of English* (1995), pelo English Language Institute da University of Michigan. Teve sua formação do ensino médio nos Estados Unidos, pela Quincy High School, Massachusetts (1995), e residência em Danbury, Connecticut (1991-1994). Com 27 anos de atuação em assessoria executiva à alta direção em empresas de grande porte. Atua como *coach*, ajudando pessoas a elevarem a autoestima, utilizando o método dos 5 A's da Estima, idealizado por ela, trabalhando pilares importantes: Autoconhecimento + Amor-próprio + Autorrespeito + Autoconfiança = Autoestima.

> *Ser feliz é uma responsabilidade muito grande.*
> *Pouca gente tem coragem!*
> CLARICE LISPECTOR

A todo momento, temos a impressão de não termos feito o suficiente, de não termos dado o nosso melhor, de não termos a coragem, nem a ousadia, de arriscar. Será que vale a pena vivermos dessa maneira? Será que não seria mais fácil poder olhar para trás e nos orgulhar do ser humano que nos tornamos, das experiências que vivemos, das qualidades que possuímos, das forças internas que temos, das nossas habilidades e talentos? Por que não valorizamos a nossa história, a nossa essência? Do que temos medo?

Estão entre os maiores medos da humanidade:

1. O medo de falar em público: que, na verdade, é o medo de errarmos e sermos criticados pela sociedade.
2. O medo da morte: por termos medo do desconhecido, das incertezas, do mistério que a rodei;
3. O medo do novo: inconscientemente, é a preguiça que temos, a procrastinação, é não querermos gastar energia com situações novas porque é mais fácil economizar energia do que ter o trabalho.

A vulnerabilidade é algo que nos trava. Por que não aceitamos os elogios e não nos vangloriamos das nossas qualidades? Seria isso o medo da crítica da sociedade, de acharmos que somos metidos, esnobes, pretenciosos?

Quando falamos de autoestima, nos referimos ao valor que nos damos, o amor, o respeito e a confiança que temos por nós mesmos. A autoestima não é uma linha linear, ela é uma linha que está a todo momento em movimento: baixa, em meio termo e alta. E como podemos elevar a autoestima, se quando ela está baixa, nos anulamos?

A primeira etapa que devemos trabalhar para elevarmos o nível da nossa autoestima é o autoconhecimento. O *coaching*[1] de autoestima trabalha com o valor que o indivíduo dá a si mesmo, o amor-próprio, o autorrespeito e a autoconfiança. Ajuda no autoconhecimento com foco nos pontos fortes, habilidades, talentos, competências e no próprio jeito de ser, fazendo com que você consiga valorizar a si mesmo, a sua história e se empoderar, tornando a sua identidade inabalável.

Quando falamos de *coaching*, estamos falando de desenvolvimento humano, em trabalhar a sua autoestima por meio de ferramentas poderosas que vão despertar o seu potencial, trabalhar a sua essência, o seu "eu", consciente e inconsciente, gerando resultados extraordinários e fazendo com que você consiga alcançar seus sonhos e metas.

Uma boa sessão de *coaching*, é quando o *coach*[2] e o *coachee*[3] conseguem criar uma boa conexão entre si, quando os dois se entregam aos seus papéis e entram em estado de *flow*[4]. Quando o acordo criado entre ambas as partes é mantido. Quando o *coach* consegue ver além, sentir e notar o seu cliente, saber se ele está motivado a continuar ou não, é ver o processo seguindo em direção aos resultados desejados que farão toda a diferença na vida do *coachee*.

O papel de um *coach* é estar disposto a transformar vidas, a dedicar tempo para ajudar outras pessoas a fazerem uma transformação na vida delas. Sabendo lidar com maturidade com as diferenças que existem entre si e seu *coachee*, respeitando a sua história, as suas crenças, sem julgamento, mas com curiosidade para aprender e saber que a resposta certa está dentro de cada *coachee*.

- 20% do que somos é resultado do que o meio ambiente exerce em nós;
- 30% é resultado da nossa genética;
- 50% é resultado do nosso estilo de vida, e que podemos mudar muitas coisas a partir da decisão de novos hábitos.

No processo de *coaching*, as perguntas são mais importantes do que as respostas, porque são elas que fazem com que o *coachee* pense sobre o assunto, abra o *mindset*[5], se questione, consiga ver outras possibilidades e acesse as

---

1 *coaching* – processo em que um profissional orienta o treinamento e instrução de uma pessoa.

2 *coach* – treinador, instrutor.

3 *coachee* – cliente atendido pelo *coach*.

4 *flow* – fluxo, nesse caso, um estado mental que acontece quando uma pessoa realiza uma atividade e se sente totalmente absorvida em uma sensação de energia, prazer e foco total no que está fazendo. Conceito descrito pelo psicólogo Mihaly Csikszentmihalyi.

5 *mindset* – mentalidade

respostas que já estão no seu inconsciente. Não existe resposta errada, toda resposta é certa, se for certa para você. A resposta sempre estará dentro do *coachee*, na sua essência, no seu inconsciente. Por mais que o *coach* saiba a resposta ou ache que saiba, ele não pode julgar o *coachee*, ele precisa deixar que o *coachee* descubra a resposta que está dentro dele, que vai ao encontro de seu valor, à sua essência e à sua vivência.

Entenda que o processo de *coaching* depende de um conjunto de habilidades, técnicas, ferramentas, curiosidades e confidencialidade. O *coachee* para ter resultado precisa querer passar pelo processo, precisa estar comprometido com as metas, tarefas e estar disposto a sair do *mindset* fixo e ampliá-lo para um *mindset* de crescimento. Ele também precisa confiar no *coach* para que acredite que seguindo o processo terá resultados, pois é cientificamente comprovado que resultados significativos são obtidos por meio das transformações.

Da mesma forma, o *coach* também precisa se dedicar, passar confiança, encorajar, não julgar, sentir-se curioso, saber escutar, perguntar e se conectar com o *coachee*.

Na minha opinião, o *coaching* é a liberdade para transformar-se no seu melhor, ativando a sua identidade e elevando seu autoconhecimento, amor-próprio, autoconfiança, autorrespeito e, consequentemente, sua autoestima, ajudando a acelerar o resultado, desenvolver e gerir a alta performance, além de ampliar o seu *mindset*.

Todo ser humano é capaz de se desenvolver e alcançar transformações extraordinárias por meio do *coaching* e do autoconhecimento; com um método, tudo se torna mais rápido, fácil e mais assertivo.

> *Ter baixa autoestima é como dirigir pela vida com o freio de mão puxado.*
> MAXWELL MALTZ

Às vezes, carregamos tanta bagagem que, sejam elas boas ou ruins, não estamos dispostos a renovar a mala, a trocar as peças, a esvaziá-la de crenças limitantes, a abrir-se para o novo, a nos conhecermos e a mudarmos o nosso *mindset*. Isso se chama crescimento e, para conseguirmos ter grandes resultados, precisamos fazer coisas que nunca fizemos antes, especialmente de maneira diferente.

Além disso, temos os sabotadores, como a culpa de não termos feito assim ou assado, a falta de autorresponsabilidade, de não assumir o nosso papel, o medo que não nos leva a lugar algum; pelo contrário, nos paralisa, a baixa energia e a procrastinação que não nos deixa agir. O que não tem ação não gera vibração; sem vibração, não temos resultados.

A autoestima baixa, geralmente, vem da infância quando a criança não foi validada positiva e suficientemente pelos pais. Não foi reconhecida pelos seus dons, talentos e habilidades, inerentes a cada ser humano. Já na adolescência, começa a apresentar sinais de distúrbio de autoimagem; e quando adulto, isso vai se agravando cada vez mais, com medo de errar, de se expor, de colocar limites, de ser ela mesma, de dar valor à sua pessoa e à sua história, de honrá-la do jeito que ela é, sem desmerecimento e desvalorização.

Quem sofre de baixa autoestima não se acha merecedor, não se acha capaz, está sempre reclamando, vê negatividade em tudo, é pessimista e tem uma vibração muito baixa. Portanto, é necessária uma mudança de mindset, comportamento e quebra de crenças para ampliação da visão positiva e da consciência, para saber que você é capaz de assumir a autorresponsabilidade, ter a coragem de se arriscar, impor os seus limites e mantê-los. Sendo firme na sua decisão, sem voltar atrás em seus conceitos, fazendo com que os outros o respeitem e você respeite seus próprios limites.

É muito mais fácil passar por esse processo de elevação de autoestima com um *coach* especializado, do que passar pelo processo sem acompanhamento. Quando você tem um *coach* de autoestima, tem direcionamento, técnicas, métodos e metas que ajudam a chegar ao resultado mais rápido, e você ainda consegue mensurar a sua evolução pelos resultados.

Trabalho como *coach* de autoestima, ajudando pessoas a se conhecerem melhor, se valorizarem, se respeitarem e se amarem do jeito que são, sem a necessidade de terem que mudar para serem aceitas e respeitadas pelo outro. A autoestima quando elevada te permite ser uma pessoa autêntica, fazendo com que você resgate as suas forças e a essência de sua aura.

Os 5 A's da Estima é um método idealizado por mim, baseado em 4 pilares, que somados resultam na Autoestima = Autoconhecimento + Amor-próprio + Autorrespeito + Autoconfiança. Quando você constrói esses pilares em bases sólidas, desenvolve uma autoestima inabalável, e ninguém segura uma pessoa com autoestima elevada. A pessoa torna-se destemida, autoconfiante, autêntica, corajosa e dona de si.

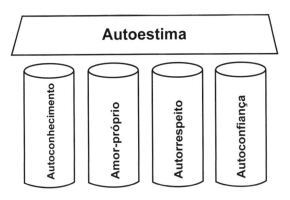

1º pilar: **autoconhecimento** – sem dúvida é o mais importante, fazendo com que as pessoas conheçam o seu perfil, suas competências, habilidades, talentos, dons, pontos fortes, pontos a desenvolverem, seu tipo de inteligência, como se sentem amadas etc. Há inúmeras formas de se conhecerem. O primeiro passo a ser dado é saber quem você é, ter isso bem definido, saber o seu gosto, as suas metas, os seus sonhos, só assim é possível deslanchar nos demais pilares.

2º pilar: **amor-próprio** – quando você se conhece, fica mais fácil aprender a se amar do jeito que você é, a se aceitar, aceitar a sua história, as suas virtudes e seus defeitos. Nessa etapa, podemos trabalhar a autoaceitação e aprender a gostar de si mesmo(a).

3º pilar: **autorrespeito** – passando as etapas do autoconhecimento e do amor-próprio, você aprende a se respeitar. Você vai até o seu limite, não deixando as pessoas desrespeitarem ou se aproveitarem de você. Você aprende a dizer "não" para seu próprio benefício.

4º pilar: **autoconfiança** – nessa etapa, você já está com o alicerce bem estruturado, falta apenas a coragem de se arriscar, de se expor, sem medo de julgamentos e críticas. Você passa a não se importar mais com o que os outros vão pensar de você ou de suas atitudes, então você começa a confiar no seu "eu", na sua essência.

Somando os 4 pilares, chegamos à soma deles, a **Autoestima**, que completa os 5 A's da Estima, que é o valor que você se dá.

Podemos dizer que todos nós temos garra e coragem que vêm do âmago, e que por vezes desconhecemos, mas quando colocado, à prova, conseguimos renascer das cinzas, como uma fênix. E assim é o ser humano, só descobre a sua força quando precisa lutar. Problemas todos nós temos, são inevitáveis, e fazem parte de nossa vida para crescimento, desenvolvimento e amadurecimento.

Não importa o que fizeram de mim, o que importa é o que eu faço com o que fizeram de mim.
JEAN-PAUL SARTRE

Vale a pena lembrar que a autoestima pode estar baixa, média ou alta. Num mesmo dia podemos ter variações nessa linha, mas também podemos aprender a fortalecê-la e deixá-la mais estável, por meio do autoconhecimento e da inteligência emocional, aprendendo a controlar mais as nossas emoções e sermos mais autoconfiantes.

Assim que você aprende a reprogramar a sua mente de forma mais positiva, com boas vibrações, gradualmente consegue aumentar a sua autoestima e viver em sua plenitude.

Referências

INSTITUTO BRASILEIRO DE COACHING. Disponível em: <https://www.ibc*coaching*.com.br/portal/*coaching*/o-que-e-coaching/. Postado em 17 de setembro de 2015>. Acesso em: 21 mar. de 2022.

MARQUES, J. R. Instituto Brasileiro de Coaching. *Coaching e a autoestima*. Disponível em: <https://jrmcoaching.com.br/blog/coaching-e-a-autoestima/>. Acesso em: 21 mar. de 2022.

17

QUEM QUER O QUE NUNCA TEVE FAZ ALGO NOVO TODOS OS DIAS

Este capítulo discorre sobre técnicas utilizadas pela autora para a construção de sua carreira de modo que referenciará tópicos, a saber, o *mindset* como fator extraordinário na aquisição de conhecimento e de desenvolvimento para crescimento profissional e pessoal, autoconhecimento pelo ponto de vista individual e coletivo, propósito e valores incorporados à conduta de vida e ética, aprendizagem contínua e ordenada e motivação diante das alternâncias.

LARISSA SONSIN

Larissa Sonsin

Contatos
larissasonsin@gmail.com
LinkedIn: linkedin.com/in/larissa-sonsin
11 99712 8110

Pós-graduada em Neurogestão Organizacional (2020), MBA em Assistência Executiva (2017), graduada em Tecnologia de Secretariado (2015), todos pela Uninter. Possui certificação internacional ACEA® (*Advanced Certificate for the Executive Assistant*) pela BMTG (UK) (2021). Atualmente, é secretária executiva da diretoria de Power Transformers da Siemens Energy do Brasil, coordenando o atendimento dos diretores, dos gerentes e de aproximadamente 500 colaboradores. Experiência em atividades administrativas e suporte em desenvolvimento de projetos nacionais e internacionais. Realiza trabalho voluntário de desenvolvimento e inclusão de jovens no mercado de trabalho em programa de aprendiz administrativo (Formare), auxiliando em aulas de apoio administrativo e ensinando língua espanhola. Prêmio Educadores que Vão Além – Programa Formare (2019). Mentora voluntária na Siemens Energy do Brasil e no Instituto Joule.

> *[...] a opinião que você adota a respeito de si mesmo afeta profundamente a maneira com qual você leva a sua vida.*
> CAROL S. DWECK

Sucesso. Palavra que utilizamos para indicar êxito em alguma atividade ou momento da vida, seja a respeito de crescimento pessoal ou profissional. Mas o que de fato é o sucesso? Quando e como ele ocorre? Sou uma pessoa que merece tê-lo? São tantas perguntas que fazemos ao longo de nossas trajetórias que muitas delas permanecem sem respostas objetivas ou conclusões evidentes.

A abordagem do sucesso é a tratativa cuidadosa do atingimento de um bom resultado, de boas escolhas, de bons momentos que vivenciamos. Abordar o sucesso, seja ele nosso ou de alguém, é atravessar o mais íntimo dos objetivos e das motivações que cada pessoa traz consigo.

Ao pensar em sucesso e o que ele possibilita, uma vez que advém de grande notoriedade e consideração, acaba por tornar-se aceitável a busca por denominações que o caracterizam de maneira positiva, dentre elas: sorte, dedicação, esforço, êxito, triunfo, vitória...

Entretanto, seria o sucesso resultante apenas de ações positivas? Supostamente, é equivocado considerar aqui "uma única palavra" para responder a essa pergunta de forma tão explícita e objetiva. Tal pleonasmo citado anteriormente sugere singularidade em sua resposta, o que a tornaria facilmente contestável. Entretanto, é correto dizer que, se queremos obter sucesso, devemos, primeiro, obter conhecimento e permitir mudanças, sejam positivas ou não.

De acordo com a Ph.D. Carol S. Dweck (2006), "[...] o sucesso significa desenvolver-se. Significa ficar mais inteligente", ou seja, "[..] o sucesso tem a ver com a obtenção de conhecimento". Nesse contexto, imagine que, se assemelharmos uma pessoa a uma moeda (ideia lúdica aqui apresentada para tratar de dois tipos de características da mente humana que acarretam comportamentos, pensamentos e atitudes conhecida como *mindset*) cujos lados são denominados cara e coroa, pode-se representar esses mesmos dois lados, o mais próximo possível da realidade de uma pessoa, chamando-os de *mindset* fixo e *mindset* de crescimento.

Muitos de nós temos por hábito ativar apenas um lado da moeda, o *mindset* fixo, o tradicional, que aprendemos de geração em geração. É aquele que nos limita, impõe dificuldades, nos torna imutáveis e em constante prova de valor. Todavia, contradizendo os pontos anteriores, temos, no outro lado, o *mindset* de crescimento, que permite que haja desenvolvimento por meio de esforços e experiências, apresenta a oportunidade de modificação e cria paixão pelo aprendizado. Toda a dificuldade torna-se um desafio.

Porém, como saber qual lado da moeda estou vivendo? O ponto de partida pode ser dado por meio de uma avaliação rápida que se caracteriza como uma das mais oportunas para reflexão de mudança de pensamento.

Desenvolva seu *mindset*

Qual é o seu *mindset*? Para ter a resposta dessa pergunta, leia cada uma das afirmativas seguintes e diga se, na maior parte das vezes, concorda ou não com elas.

1. Sua inteligência é algo muito pessoal, e você não pode transformá-la demais.
2. Você é capaz de aprender coisas novas, mas, na verdade, não pode mudar seu nível de inteligência.
3. Qualquer que seja seu nível de inteligência, sempre é possível modificá-la bastante.
4. Você é capaz de mudar substancialmente seu nível de inteligência.

As afirmativas 1 e 2 referem-se ao *mindset* fixo. As de número 3 e 4 refletem o *mindset* de crescimento. Com qual dos dois grupos você concorda mais? É possível que sua resposta seja mista, mas a maioria das pessoas se inclina mais para um grupo do que para o outro.

Você também possui crenças a respeito de outras capacidades. Pode substituir "inteligência" por "talento artístico", "tino comercial" ou "aptidão para esportes". Tente fazer isso. Não se trata somente de suas aptidões, mas também de suas qualidades pessoais. Veja as afirmações a seguir sobre personalidade e caráter e decida se concorda ou não com cada uma delas.

1. Você é certo tipo de pessoa, e não há muito o que se possa fazer para mudar esse fato.
2. Independente do tipo de pessoa que você seja, sempre é possível modificá-lo substancialmente.
3. Você pode fazer as coisas de maneira diferente, mas a essência daquilo que você é não pode ser realmente modificada.
4. Você é capaz de modificar os elementos básicos do tipo de pessoa que você é.

Aqui, as afirmativas 1 e 3 se referem ao *mindset* fixo, e as de número 2 e 4 refletem o *mindset* de crescimento. Com qual dos dois grupos você se identifica mais?

Seria esse resultado diferente de seu *mindset* a respeito da inteligência? É possível. Seu *mindset* para a inteligência entra em ação quando as situações envolvem capacidade mental. Seu *mindset* para a personalidade entra em ação nas situações que envolvem suas qualidades pessoais — por exemplo, quão confiável, cooperativo, atencioso ou socialmente habilidoso você é. O *mindset* fixo faz com que você se preocupe com a forma pela qual será avaliado; o *mindset* de crescimento torna-o interessado em seu aperfeiçoamento.

A mensagem é a seguinte: você é capaz de mudar seu *mindset*.

Dweck (2006), em seu livro *Mindset: a nova psicologia do sucesso*, aborda o contexto de *mindset* em diversos cenários. Neste capítulo, trata a forma em que se traça um paralelo entre crescimento e estagnação dentro da esfera intitulada sucesso, independentemente da área de atuação do leitor. Ressalta-se apenas a introdução de novas possibilidades cujo interesse segue de modo individual. Então, o que fazer para manter e aumentar meu crescimento? A resolução para essa pergunta está no gráfico a seguir.

Gráfico de Nigel Holmes

Mindset **Fixo**
Inteligência é estática

Mindset **de crescimento**
Inteligência pode ser desenvolvida

Leva a um desejo de parecer inteligente e, assim, uma tendência a...

Leva a um desejo de aprender e a uma tendência a...

	Mindset Fixo		Mindset de crescimento
Desafios	evitar desafios	**Desafios**	abraçar desafios
Obstáculos	ficar na defensiva ou desistir facilmente	**Obstáculos**	persistir na dificuldade
Esforço	enxergar o esforço como algo infrutífero ou pior	**Esforço**	ver o esforço como o caminho para a excelência
Crítica	ignorar *feedback* negativo útil	**Crítica**	aprender com a crítica
Sucesso dos outros	sentir-se ameaçado pelo sucesso dos outros	**Sucesso dos outros**	encontrar lições e inspiração no sucesso dos outros

Como resultado, eles provavelmente se acomodam mais cedo e conquistam menos do que o seu potencial possibilitaria.

Como resultado, eles alcançam altos níveis de conquistas.

Como disse Alex Rodriguez, grande jogador de beisebol: "Ou vamos numa direção ou vamos em outra". Você é quem deve decidir a direção a seguir.

Provoque-se. Permita-se ser desafiado e aceite o desafio. Mudar os direcionamentos durante o trajeto é parte fundamental da viagem para o autoconhecimento e motivação. Mario Sérgio Cortella, em seu livro *A sorte segue a coragem* (2021a), elucida que "o autoconhecimento não significa apenas que eu vou fazer um mergulho interior, prazeroso, deleitável. Não, eu vou ter de me ver com minhas glórias e virtudes, com minhas danações e encantamentos, com aquilo que eu sou".

Autoconhecer-se é essencial para atingir o sucesso. Comece pela identificação de seus pontos fortes e fracos. Explore quem você é e empregue o resultado a seu favor.

Busque parcerias junto àqueles que possam ajudá-lo a desenvolver-se. Cortella também diz em seu livro que "[...] obviamente, eu não sou o melhor avaliador de mim, sozinho. Por isso, o autoconhecimento não é possível de modo isolado. [...] Eu também me conheço pelo modo como os outros me veem, me sentem, me entendem". Sua opinião sobre si é importante tanto quanto a opinião de outros a seu respeito. Ambas, se bem trabalhadas com paciência e humildade, são munições certeiras para a construção do sucesso duradouro.

Lembre-se de que, para chegar aonde você quer, é necessário ter como ponto de partida os propósitos que almeja e os valores que traz consigo. O propósito também é uma conduta de vida, e estruturá-lo de forma clara e objetiva é fundamental para que se alcance o sucesso de forma consistente. Clareza de propósito é o que nos traz equilíbrio. Ética também é parte do processo e é preciso respeitá-la tanto quanto a si mesmo.

Ainda que haja descontentamento com as situações pelas quais passamos em nossa carreira, há sempre duas maneiras de se observar os resultados: positiva ou negativa. Ou você fez com êxito o que se propôs a fazer ou teve dificuldades no que se propôs a fazer. Assumir e entender ambas as condições mencionadas é parte fundamental do processo de crescimento tratado no início deste capítulo. Não existe um meio termo quando tratamos de contentamento. Trazendo para esse contexto, Cortella nos mostra que "existe uma insatisfação positiva, que é aquela de querer mais e melhor. Mas existe uma insatisfação negativa que induz a sofrimento, que faz com que não haja ponto de repouso ou serenidade". Ambas fazem parte do momento em que vivemos e pelo que estamos passando. O momento atual também deve ser apreciado para que as decisões a serem tomadas impactem de acordo com a satisfação que você busca.

Transcorrer de maior engajamento na busca pelo aperfeiçoamento e pelo crescimento traz consigo o comprometimento com o constante ato de aprender. Desenvolvimento gera desenvolvimento e esse resultado só é permitido pelo emprego da aprendizagem contínua e ordenada. Novamente, parafraseando

Cortella, "o crescimento não é só de carreira no sentido monetário ou de hierarquia. É a sensação de que se está crescendo profissionalmente". Em outras palavras, abrir-se a novos conhecimentos traz satisfação não apenas financeira, mas também intelectual.

O aprendizado mencionado no parágrafo anterior é também resultante da motivação. Alternâncias no dia a dia fazem parte do aprendizado como um todo. No entanto, como me manter motivado? A começar por descobrir novos caminhos em meio às oscilações e entender que são ciclos e que ciclos se encerram. O momento de ser criativo e inovar é este. É aqui que as coisas acontecem de fato. Ser observador, nessas horas, permite a visualização de oportunidades. Ainda que a motivação envolva cansaço, nunca permita que ele te controle.

Lapidar a paciência para os momentos oportunos é parte do jogo. Sucesso muitas vezes requer mais paciência do que muitas pessoas costumam ter. Para a construção de uma carreira sólida, há três aspectos primordiais: vivência, tempo e paciência. Uma tríade que, quando trabalhada em conjunto, minimizam as chances de falhas e potencializam o crescimento. Vivência praticada pela aquisição de *know-how*, tempo aplicado como período contínuo para determinar prazos e paciência para o aprimoramento de suas melhores qualidades e desenvolvimento de seus pontos fracos.

Tendo em vista as referências anteriores, pode-se afirmar que sucesso em qualquer campo da existência humana demanda desenvolvimento de características as quais são tratadas de forma individual. Porém, quando trabalhadas em conjunto, possibilitam maior visibilidade entre aqueles que almejam o mesmo nível de progresso que aqueles que já o alvejaram.

Chegar ao topo demanda explorar dois ambientes: o desconhecido e o conhecido. Não contar com a sorte, e sim com as ações resultantes de suas escolhas. Escolha crescer e crescerá. Escolha ficar onde está e permanecerá no lugar. Você é a peça-chave da sua carreira e do seu sucesso.

Referências

CORTELLA, M. S. *A sorte segue a coragem: oportunidades, competências e tempos de vida.* São Paulo: Planeta do Brasil, 2021.

CORTELLA, M. S. *Por que fazemos o que fazemos? aflições vitais sobre trabalho, carreira e realização.* 5. ed. São Paulo: Planeta do Brasil, 2021.

DWECK. C. *Mindset: a nova psicologia do sucesso.* São Paulo: Objetiva, 2006.

18
___

RETRATOS DA
MINHA VIDA

Durante anos, vivi presa dentro de mim mesma. Uma infância cruelmente marcada por abuso, agressões físicas, psicológicas e violência. E, na vida adulta, um esposo agressivo e manipulador. Tenho a felicidade de não ter morrido em decorrência do transtorno depressivo recorrente; de tirar do meu próprio monstro mortal, de minhas próprias experiências, motivos pelos quais continuar vivendo.

MADIMA OLIVEIRA

Madima Oliveira

Contatos
madmaoliveirarr@gmail.com
Facebook: Mádima Oliveira
Instagram: @madimaoliveira_
95 99152 0271

É natural da cidade de Itaituba, no Pará. Atualmente, reside em Boa Vista, capital de Roraima. Autodidata e apaixonada pela escrita desde a meninice. Seus textos também retratam, em forma de crônicas, pequenos atos e fatos observados no cotidiano, seja a espontaneidade de uma criança, um fato da natureza ou um simples olhar no horizonte. Aprecia as pequenas coisas. Resiliência é o que move a sua vida, por isso escreveu uma narrativa em primeira pessoa sobre seu processo de superação diante do transtorno depressivo recorrente, a fim de alcançar outros que ainda vivem essa condição. Atualmente, estuda Psicologia pela UNAMA (Universidade da Amazônia).

Os sofrimentos psíquicos têm suas variadas faces, ao mesmo tempo em que são invisíveis. Só sabe realmente o tamanho da sua expansão e os estragos que causam aqueles que com eles convivem. As pessoas com depressão frequentemente recebem rótulos, como: preguiça, frescura, falta de espiritualidade ou somente uma questão de não terem pensamentos positivos, olhar para dentro de si. O que todos não sabem é que dentro de nós só existe angústia, desespero e solidão. Assim, desenha-se no horizonte o meu dia a dia durante anos.

Uma infância cruelmente marcada por abuso, agressões físicas e psicológicas, violência. E quando adulta, um esposo agressivo e manipulador. Coisas que me levaram a ter uma vida infeliz. Tenho aprendido a compreender e a aceitar esta depressão. Escrever sobre minhas vivências foi a maneira que encontrei para exercer alguma influência na vida de outras pessoas que também sofrem com transtornos mentais. Esse mal do século que, em não poucas ocasiões quase me matou, tem ceifado a vida de muitos outros adultos e jovens.

Tenho a felicidade de não ter morrido dessa doença. De tirar do meu próprio monstro mortal e de minhas próprias experiências motivos pelos quais continuar vivendo.

O princípio

No início eu me sentia totalmente exausta e, muitas vezes, mal conseguia sair da cama pela manhã. Outras vezes, sentia-me completamente furiosa. Parecia que para caminhar até algum lugar eu levava o dobro do tempo que o normal. Raramente vestia roupas diferentes, pois sentia que decidir entre uma e outra era trabalhoso demais. Eu temia conversar; assim, não conseguia sair à procura de emprego ou estudos, nada. E, sempre que possível, evitava meus amigos também. Sentia vergonha de mim mesma. Como podia alguém em quem todos haviam depositado um futuro promissor agora, depois de anos, continuar estagnada? Afundava-me cada vez mais em minha tristeza.

Procurava viver como podia. Pedindo ajuda a Deus, acreditava que Ele realmente me entendia. Era o único com quem podia contar.

Durante minhas fases de animação, eu considerava tudo fácil demais e acreditava que todo aquele período ruim havia ido embora para sempre. Porém, todo esse ânimo acabava e eu voltava à minha realidade, e me sentia totalmente só.

O mal do século

Tornei-me uma mulher recatada, tímida, temerosa e sem nenhuma iniciativa. Quanta dor senti! Porém, ninguém compreendia, afinal, é uma doença invisível. Para quem está de fora é muito fácil encontrar soluções ou rotular. Quem, porém, passa pela depressão e a vence pode não se tornar popular, mas, sem dúvida, é um sobrevivente.

A depressão é assim. Imobiliza-nos, nos deixando incapazes de realizar pequenas coisas, como o autocuidado no cotidiano. Ela nos torna profundamente pessimistas quanto ao futuro e a todos os aspectos da vida. Essa doença destrói a base do pensamento racional e, com astúcia, nos tira o desejo e a vontade de viver. Ela traz como consequência um sofrimento quase insuportável e, não raramente, o suicídio. Assim, senti a certeza de que não precisava mais viver. De que não valeria a pena estar neste mundo. Não suportava mais. Havia chegado ao meu limite. Andava sempre cabisbaixa, não conversava nem com a minha própria família. Passava dias inteiros trancada no quarto sem a menor vontade de sair ou respirar. Minha disposição era mínima e as paredes do dito quarto tornaram-se *scripts* de uma história triste, pois nelas relatava os sentimentos e pensamentos negativos que me ocorriam constantemente. Era sobre a cama, inerte, que passava meus dias como morta-viva. Não me recordo muito dos momentos que antecederam minha decisão. Talvez fosse um aglomerado de sofrimentos que me fizeram chegar às portas do suicídio por várias vezes.

Nos momentos cruciais, em que cheguei ao limite com uma corda armada no teto do quarto ou acendendo uma fogueira com minhas próprias roupas enquanto todos dormiam, olhando para o céu em busca de auxílio, encontrei conforto para a alma cansada. De alguma forma que não dá para explicar, Deus me ouvia e enxugava minhas lágrimas. Sentia seu conforto ao me dar alívio à alma. E assim, driblava meus gigantes, dia após dia.

Por diversas vezes cheguei a passar dias, quase totalmente livre das crises, e supunha que esses problemas fossem coisa do passado. Sentir-se normal por qualquer período desperta certa esperança. Tive muitas noites longas, quase intermináveis. A redução do sono também é um dos sintomas da depressão, mas isso eu não sabia naquela época. E provavelmente se soubesse não teria feito nenhuma diferença. A falta de sono me levava para além dos meus conhecimentos, querer dormir, mas não ter sono; é realmente desesperador. Nas infindáveis madrugadas recorria à leitura da Bíblia a fim de encontrar palavras de conforto. Tudo o que eu via de onde estava era desespero e dor. No estado em que me encontrava, nada tinha significado para mim. E é claro que eu não compreendia. Estava deprimida demais para organizar minhas ideias num plano racional. Como mulher, cheguei a não ter coragem de continuar vivendo, por isso houve momentos que cheguei a culpar o próprio Deus por tanto sofrimento. Mais tarde, porém, passei a entender os reais motivos das minhas reações, atitudes etc.

Mas Deus é tão bom que logo me trouxe conforto quando li o seguinte: "Ele lhe ensinará os segredos da sabedoria, pois há mistérios na explicação das coisas. Então você andará de cabeça erguida, pura, firme e sem medo. Você não se lembrará dos seus sofrimentos, que serão como águas passadas que a gente esquece. A sua vida brilhará mais do que o sol do meio-dia, e as suas horas mais escuras serão como o sol ao amanhecer" (Jó: 11:6,15-17).

Minha emoção voltaria a respirar? A realidade guarda suas surpresas. E eu senti que uma nova fase da minha vida estava para começar.

O centro de atenção

Em minha busca inveterada por respostas e por ajuda para o meu terremoto de emoções, procurava por ajuda na internet. Buscava por psicólogos, clínicas ou outros locais que pudessem tratar dos meus sintomas psíquicos. Ficava diante do computador com o coração aflito e a mente suplicando a Deus por auxílio. Foi então que em algum desses sites pude ler sobre um local chamado CAPS e o tipo de tratamento que ofereciam. Passou-se um ano até que chegasse às portas do Centro de Atenção Psicossocial. Um nó na garganta, coração acelerado e muitas dúvidas, a maior delas era: *Será que me tratarão mal? E se eu receber respostas grosseiras? E se...* Ainda com tantas perguntas, entrei. Olhei ao redor e me deparei com uma simpática senhora que gentilmente respondeu às minhas dúvidas. Com sua suave voz, fez eu me sentir acolhida. E mesmo com um imenso nervosismo de sentir calafrios, percebi que estava onde eu precisava estar.

Aquela pessoa gentilmente me encaminhou ao profissional que realizou meu acolhimento. Eu não era de muitas palavras. Semblante triste e abatido, falei pouco ainda que suficiente. Dali em diante passaria a frequentar aquele local e receber tratamento psicoterapêutico sendo acompanhada por competentes profissionais da saúde mental. Alguém me recepcionou com humanidade, isso me deu segurança para retornar.

E naquela manhã de terça-feira, ao voltar para casa, pensando: "Espero estar tomando a decisão certa". A voz de Deus soprou suave mais uma vez ao meu coração: "Não tema, pois eu estou com você; não tenha medo, pois sou o seu Deus. Eu a fortalecerei e a ajudarei.." (Isaías 41:10). Como uma nuvem, todas as minhas dúvidas foram logo dissipadas.

O dom da psicoterapia

Momentos antes, eu aguardava apreensiva. Como sempre, abraçada àquela mochila que sempre trazia comigo. Meu Deus, eu estou com medo. O que será que me aguarda daqui a alguns instantes? Por favor! Era o meu clamor silencioso enquanto aguardava ser chamada para a psicoterapia individual. O coração acelerado e aquela ansiedade que não deixava minhas pernas quietas.

Até que ela abriu a porta que dava acesso à recepção, olhou-me com aquele ar de simpatia e me disse: "Vamos lá?". Eu a segui até sua sala. Fez com que me sentasse e começou falando: "Olá, Madima. Meu nome é Emanuele, sou psicóloga.", e disse mais alguma coisa tranquilizante. Tenho certeza de que foi tanto o seu modo de falar quanto as palavras em si, mas aos poucos uma pequena luz foi surgindo em minha mente assustada e escura.

Praticamente não lembro o que disse naquela primeira sessão, mas sei que foram poucas as minhas palavras e num tom muito baixo. Ela, por sua vez, ficou ali sentada, tentando me ouvir durante a minha fala. Fez-me algumas perguntas e, com um jeito especial, aos poucos, tirava de mim palavras e sentimentos guardados durante muitos anos. A intrusa acertara na mosca. Seus pensamentos penetraram como um raio no oculto da minha mente. E, de alguma forma que não sei explicar, estranhamente me sentia mais leve. Naquele primeiro atendimento eu não estava só muito doente. Eu estava apavorada. Afinal, os psicólogos que havia recorrido antes em busca de ajuda apenas me tratavam de tal forma que, várias vezes, saía dos seus consultórios com a autoestima destruída. Desde então, passei a imaginar que todos eram iguais, pessoas insensíveis que insinuavam que minhas histórias eram inventadas para chamar a atenção. Mas nada disso a impediu de perceber em meu "grito silencioso" aquilo que as palavras não conseguiam dizer. E, por inúmeras vezes, em meu silêncio, percebera o que me incomodava, trazendo a mim alívio com suas palavras sábias e incentivadoras.

Tive também a oportunidade de receber atendimento psiquiátrico. Confesso que, a princípio, não aceitava o fato de ter que fazer uso de medicamentos. Evitava sempre comentar sobre o assunto. Sequer imaginava a possibilidade de ingeri-los. Ainda que no ambiente ao qual passasse a frequentar as pessoas também se encontrassem na mesma situação.

Ao observá-las, algumas chorosas, outras sorrindo de forma extravagante, numa alegria quase contagiante. Outros num monólogo a parecer interessante. E eu imaginava: "Senhor, o que eu estou fazendo aqui? Eu não quero ficar louca!".

Mas Deus, infinitamente, sabe todas as coisas. Ele havia me guiado até aquele lugar por um propósito. Tudo era muito novo para mim, e o novo assusta. Agora eu teria que conviver com pessoas de hábitos e vivências diferentes. Histórias de vidas com as quais eu aprenderia grandes lições. E dali por diante, medicamentos fariam parte do meu dia a dia. Os comprimidos não conseguem acabar com nosso sofrimento depressivo, mas eles nos ajudam a voltar à vida. Tudo isso eu estava aprendendo a aceitar.

Em busca do equilíbrio emocional

Nunca imaginei que uma doença tão silenciosa fosse acontecer comigo. Achava que o meu problema era o pior de todos. Porém, ao me deparar com outros tipos de transtornos mentais, percebi que há pessoas com problemas muito mais graves e que mesmo assim continuam lutando, e passei a ver a vida com outros olhos, a sentir respeito pela Saúde Mental e pelos profissionais que lidam com tudo isso todos os dias.

À medida que fui entrando no universo dos humores mais estáveis e da vida mais leve, comecei a perceber que não fazia nenhuma ideia de como seria viver assim. Afinal, eu já havia tido uma melhora depois de dois anos de tratamento, porém meus humores ainda oscilavam com frequência. Acontece da seguinte forma: saí da fase passiva para a fase ativa, quando já aprendi a dizer o que sinto, mas sem controle pois, na maioria das vezes, o que se fala é dito de forma errada. E as pessoas geralmente não entendem isso. Saímos de um extremo e vamos a outro extremo. Ainda estamos em busca de um equilíbrio emocional. Por isso, infelizmente, enfrentei situações desconfortáveis com outras pessoas, a ponto de agredi-las. E todas as vezes me sentia envergonhada e decepcionada comigo mesma. Hoje, a pior parte dos problemas pelos quais passei no início do tratamento já desapareceu. É muito difícil lidar com os efeitos dessa doença invisível que é o transtorno depressivo. É claro que até chegar ao ápice da cura talvez ainda tenha uma extensa trilha a percorrer. Entretanto, em vez de olhar o quanto ainda falta pela frente, creio ser bem melhor continuar a longa caminhada de costas, vendo o quanto já percorri nos últimos anos.

Atualmente, o comportamento negativo das outras pessoas para comigo já não me afeta tanto. Prefiro perceber que nenhum ser humano é perfeito e que, apesar dos erros, ninguém é de todo ruim. Sempre há algo bom nas pessoas e é isso que devemos potencializar, porque, às vezes, o outro é o nosso reflexo. Vemos nossos defeitos no outro e, quando passamos a ver suas qualidades, refletimos as nossas próprias também. No entanto, façamos isso sem nos excluir, sem deixar de valorizar a nós mesmos.

Concluo com uma frase de Fabíola Simões que diz:

"E, de repente, num dia qualquer, acordamos e percebemos que já podemos lidar com aquilo que julgávamos maior que nós mesmos. Não foram os abismos que diminuíram, mas nós que crescemos".

19

TRATAR O OUTRO COMO GOSTARIA QUE TRATASSEM A SI MESMO

Por toda minha vida, sempre aprendi a tratar as pessoas como gostaria que me tratassem, sem distinção de cargo/posição. E isso me trouxe enormes aprendizados, importantes amizades e reconhecimento de que sigo no caminho do bem sempre.

MARCELA HOSNE ARDITO

Marcela Hosne Ardito

Contatos
marcela.hosne31@gmail.com
Instagram: @marcela.hosne31
LinkedIn: Marcela Hosne Ardito
11 99993 3302

Secretária com mais de 22 anos de experiência. Graduada em Secretariado Executivo Trilíngue pela Fecap (2005), em Pedagogia pela Unisantanna (2007), pós-graduada em Gestão Estratégica pela Unisal (2011), e em Formação de Docentes em Administração pela FEA-USP (2014). Com MBA completo em Gestão de Pessoas pela FEA-USP (2021). Palestrante em eventos e grandes universidades (como FMU e Anhanguera). Participante e organizadora do evento COINS. Coautora dos livros *O futuro do secretariado: educação e profissionalismo* (2019) e *Meu cliente subiu no telhado, e agora?* (2021).

> *Trate todas as pessoas bem, independente de seus problemas, mude seu ponto de vista, veja o lado positivo de tudo e verá que, para viver feliz, não é tão difícil assim.*
> ALEX HUSFOR

Por toda a minha carreira, escolhi tratar a todos igualmente. E, no decorrer deste capítulo, entenderão o quanto isso me é benéfico todos os dias.

Em casa, tive grandes exemplos: de estudo, de esforço, de batalhar para conseguir algo, de tratar SEMPRE as pessoas igualmente, de ser humilde, de fazer o que era necessário para ter trabalho, de nunca passar por cima de ninguém para conseguir algo.

Eu sempre fui apaixonada por organizar eventos, viagens, coisas em casa, desde pequena, e isso foi me mostrando, ao longo dos anos, que eu já tinha escolhido a minha carreira, mesmo sem ter pensado no que cursaria na faculdade.

O que eu não sabia era o quanto isso que vivi, desde pequena, viraria a minha paixão, meu amor pelo que faço.

Como exemplo, na adolescência, eu gostava muito de organizar viagens (de fazer toda a pesquisa, correr atrás das melhores opções, estudava roteiro para criar um melhor planejamento, conversava e tirava dúvidas em agências) sempre visando esgotar todas as opções para um melhor custo-benefício daquela viagem. E o resultado era uma viagem incrível, com enorme aproveitamento e pagando um valor razoável dentro de tudo que escolhíamos.

A cada evento que eu organizava, a cada festa que fazia, a cada organização que eu fazia em casa (por mais simples que fosse) fui descobrindo que eu já tinha traçado uma carreira, simplesmente por amar fazer tudo aquilo: o secretariado.

Comecei minha história profissional no telemarketing (de uma grande companhia aérea na época), mas como sempre fui inquieta e ligada nas oportunidades, vi naquele tempo que eu podia extrair o melhor daquela época. Como trabalhava meio período, tinha tempo para me dedicar à faculdade e a aprender idiomas. Foi na faculdade que conheci uma das melhores pessoas, professoras e mentoras da minha vida, a Prof.ª Walkiria, pessoa incrível que sempre está por perto me ajudando, me dando conselhos, me tornando sempre uma pessoa melhor. Meu eterno agradecimento à Walkiria.

Em pouco tempo, vi uma oportunidade no departamento jurídico, como assistente de secretária, e resolvi arriscar. Aprender novas tarefas, atender pessoas "ao vivo" (e não mais ao telefone), me vestir formalmente, fazer agendas, preparar materiais etc. Foi o primeiro período que me vi atuando como secretária, atuando na organização e preparação de tudo que acontecia no jurídico, e me apaixonei pela profissão.

A secretária, que na época era uma mentora para mim, não imagina o quanto eu sou grata a ela até hoje. O quanto me apaixonei em ser secretária por causa dela, o quanto eu achava lindo a maneira como ela tratava a senhora que nos trazia café, o quanto ela conversava com as meninas da limpeza e o quanto ela atendia, da mesma forma, a advogada que era nossa líder na época.

Eu imaginava: "Nossa, que especial ser assim! Que admirável! E foi aí que eu aprendi o quanto era minha paixão tudo que aprendi sendo secretária, mas, especialmente, o quanto eu ganhava tratando a todos igualmente.

Eu amo me desenvolver! Estudar, crescer, aprender, viver desafios que sei que sou capaz de atuar. Então, fiquei na empresa o tempo que eu consegui para aprender tudo e, depois, saí em busca de novos desafios.

Depois dessa empresa, passei a ser secretária em um enorme escritório de advocacia. Vestimenta formal, com processos definidos, organização perfeita e enorme prestígio, atuei com equipes grandes (nunca tinha trabalhado com tantas pessoas) e aprendi muito, como a atuar em diversas frentes ao mesmo tempo, agilidade com perfeição, a estar atenta a tudo que acontecia, sempre para dar a melhor informação quando me pediam. Nesse escritório, eu me apaixonei efetivamente pela profissão. Fazia o que amava, com pessoas incríveis que me ensinavam todos os dias a ser uma profissional melhor. Foi nesse escritório que conheci uma pessoa incrível, uma irmã, amiga e conselheira que tenho em minha vida até hoje. Foi lá o primeiro local em que trabalhamos juntas.

Como tudo em minha vida, chegou o momento de seguir em frente. Tive líderes no escritório de advocacia que me impulsionavam para um caminho de desenvolvimento e sempre conversamos abertamente sobre novas oportunidades. Então, a saída foi algo bem especial.

Do escritório jurídico fui para uma grande e mundial rede de *fast-food*. Trabalhei no departamento de marketing, sendo assistente de dois executivos (de diferentes segmentos), atuando com o departamento financeiro. Excelente oportunidade de lidar com pessoas incríveis, executar novos trabalhos e de me aprimorar em um idioma de que gosto muito: o espanhol. Mais uma vez fui presenteada ao trabalhar com minha amiga de querida, minha irmã. Eu no departamento de marketing e ela, no comercial.

Sendo muito sincera aqui, eu trabalhava longe de casa e levava muito tempo no trânsito, fui ficando cansada e desmotivada por esse fator. Então, decidi que era momento de seguir em outro local, mais perto de casa.

Depois dessa experiência, voltei para o ramo aéreo, agora atuando na diretoria comercial (aprendi a ler e interpretar contratos e a atuar diretamente com fornecedor fora do país), novamente foi uma oportunidade incrível.

Durante essa experiência, e hoje pensando em como é bom tratarmos a todos bem e igualmente, fui convidada para participar de um processo seletivo em um grande banco e para trabalhar com um executivo que uma das minhas líderes no escritório de advocacia me indicou. Foi nesse momento que a rede do bem foi conectada e eu comecei a trabalhar no banco.

De todas as minhas experiências, essa é uma das mais marcantes e explico o porquê: atuar em banco não é fácil, mas aprendemos muito a lidar com muita rapidez e agilidade. Não podemos perder nenhum momento sequer de atender clientes, agendar reuniões e marcar conversas.

Nessa oportunidade, eu tive o prazer de conhecer outra habilidade minha, a de fazer gestão de pessoas. No banco, me convidaram a atuar como supervisora das outras secretárias, dando suporte às dúvidas, atuando em pontos de férias/ausências e auxiliando no desenvolvimento delas também. Foi uma das melhores oportunidades que pude vivenciar.

E, contando com essa nova habilidade, vi que podia seguir no mercado de trabalho e atuar nessas duas funções: secretária de executivos e gestão de pessoas.

Foi um marco em minha carreira essa descoberta e isso me trouxe enormes frutos, como ter a oportunidade de desenvolver e ajudar pessoas, de acompanhar o crescimento e de saber que meus conselhos e ajuda colaboraram com o desenvolvimento de pessoas. Serei eternamente grata a tudo que vivi com esse presente.

Ainda no banco, uma *headhunter* pareceu ler os desejos do meu coração e me fez a proposta de atuar formalmente com esses dois papéis em uma consultoria empresarial. E lá fui eu! Aprender, desenvolver, crescer, conhecer pessoas e ser eu mesma. Quando eu digo que fui eu mesma, nessa consultoria, foi que atuei de corpo e alma.

Nesse desafio, tive como responsabilidade assistir os sócios-fundadores e coordenar toda a área administrativa (copa, secretariado, recepção e *facilities*), tive a honra de fazer parte do desenvolvimento e crescimento de alguns grandes profissionais.

Ser lembrada como uma profissional que fez grande diferença na vida de algumas pessoas é muito gratificante para mim. Saber que algumas pessoas me ouviram e que o que falei, as dicas e os conselhos fizeram a diferença, me faz muito feliz. Feliz porque eu simplesmente explicava algo que já vivi, algo que eu sabia que as pessoas podiam evitar e seguir por outro caminho. E quando eu falo de ter sido eu mesma foi exatamente neste ponto. De ser atenciosa, carinhosa, de dar atenção a todos igualmente. De ter meu tempo para ouvir pessoas, tempo de escutar e dar conselhos, isso é simplesmente muito especial.

Nesse período que trabalhei nessa consultoria, tive a honra de ter sido convidada pela mestra da minha professora da faculdade – que hoje somos grandes amigas – a ser coautora de dois projetos muito importantes, especialmente para o público do secretariado. Tive o prazer de escrever sobre leis e regulamentações, consultoria empresarial e atendimento telefônico, nos respectivos livros: *O futuro do secretariado* e *Meu cliente subiu no telhado, e agora?*.

Essa gigante oportunidade me concedeu alguns pequenos projetos, em que pude falar da minha profissão que tanto amo a alguns alunos, em algumas aulas/palestras. Isso também é algo que muito me deixa feliz.

Hoje me perguntam por que escolhi o secretariado como profissão e afirmo que foi exatamente o contrário, o secretariado me escolhe.

Eu gostaria de terminar este capítulo agradecendo à Prof[a] Walkiria pelo convite e especialmente por acreditar em mim, muito obrigada. E finalizo com um texto que gosto muito da Silvana Duboc, em que ela fala exatamente do sentimento que quis apresentar a vocês neste capítulo:

> **O que te faz feliz?**
> Não se acostume com o que não o faz feliz,
> revolte-se quando julgar necessário.
> Alague seu coração de esperanças, mas não
> deixe que ele se afogue nelas.
> Se achar que precisa voltar, volte!
> Se perceber que precisa seguir, siga!
> Se estiver tudo errado, comece novamente.
> Se estiver tudo certo, continue.
> Se sentir saudades, mate-a.
> Se perder um amor, não se perca!
> Se o achar, segure-o!

20

NUNCA SUBESTIME O PODER DE UMA MULHER

Uma doença? Um prognóstico médico? A sociedade? O que te limita? Por trás de uma aparente "fragilidade" feminina, existe um poder transformador, que só uma mulher é capaz de revelar.

MARIANE NAVA

Mariane Nava

Contatos
marianecnava@gmail.com
Facebook: Mariane Caldeira Nava
Instagram: @marianecaldeiranava
LinkedIn: https://bit.ly/3NUDWUw

Graduação em Secretariado Executivo Trilíngue pela FMU. Pós-graduada em Gestão de Pessoas pelo Instituto Nacional de Pós-Graduação (INPG). Jornalista graduada pela FMU . Participou da criação da empresa Little Genius do Brasil – Programa Super Bebês. Possui mais de 12 anos de experiência em atendimento ao público. Comunicativa, uma apaixonada pelas relações humanas. Desempenha, com muito amor, aquele que considera o principal "papel" de sua vida: ser mulher.

> *Pense como uma rainha. Rainhas não têm medo de falhar, porque o fracasso é mais um degrau para a grandeza.*
> OPRAH WINFREY

A vida, geralmente, é feita de inúmeras escolhas. Ser mulher, obviamente, não é uma delas. Mesmo assim, se tivesse a oportunidade de falar com DEUS ao pé do ouvido, certamente pediria ao Todo-Poderoso para nascer mulher.

Pode soar estranho ao meu caro leitor, mas considero que, especialmente nos tempos atuais – onde valores, antes tão respeitados, tornam-se cada dia mais irrelevantes e perdidos – o simples fato de ser mulher pode até mesmo ser considerado um dom, uma "permissão" do Altíssimo, para mostrar quão diferenciada foi sua criação.

Nascida na cidade de Marília, interior de São Paulo, cheguei à capital paulista em maio de 1986, aos três anos e meio de idade, com meus pais e meu irmão mais velho, enfrentando inúmeras dificuldades financeiras e de adaptação à cidade grande.

Costumo dizer que somos fruto daquilo que vivemos. Aprendi que o meio influencia quem somos, como nos portamos e a forma como lidamos com as situações – seja para o bem ou para o mal.

Desde muito cedo, descobri, meio que por impulso – ou até mesmo instinto –, que nós, mulheres, temos uma força gigantesca em nossa alma, algo muito além do que simplesmente seguir dogmas ou concordar com tudo aquilo que a sociedade denomina como "certo" ou "errado".

Minha história de vida está profundamente relacionada aos meus aprendizados sobre duas palavras simples, mas que, para mim, representam muito da minha trajetória: educação e resiliência.

Aos oito anos, fui diagnosticada com Síndrome de Turner, uma disfunção genética que ocorre em um entre 5 mil nascimentos do sexo feminino no mundo. Geralmente, as pessoas com essa doença apresentam disfunções físicas (e muitas vezes cognitivas), além de uma expectativa de vida bem aquém da média; por causa, em grande parte, da propensão a diabetes e doenças cardíacas associadas.

Portadora de um único rim, com deficiência auditiva elevada e problemas de saúde constantes: segundo estudos médicos, à época, eu provavelmente não conseguiria completar 15 anos de idade, pois morreria antes. Se chegasse a essa idade, para os especialistas, seria um verdadeiro "milagre".

Angústia de meus pais, pouco entendimento para mim. Muito nova, simplesmente não entendia a gravidade da minha situação, e encarava cada infecção urinária, cada internação, cada susto, com aquela força da pureza infantil de dizer: "mamãe, papai, fiquem firmes, vou ficar boa".

Mesmo com limitações, sempre fui uma aluna muito aplicada na escola, e desenvolvi, com o passar dos anos, uma facilidade de comunicabilidade, para conquistar respeito e força perante as turmas pelas quais passava, o que foi fundamental para conseguir superar as adversidades do período escolar, da infância e da adolescência.

Enfim, 15 anos: o céu é o limite

Lembro-me, com profunda riqueza de detalhes, daquele 8 de novembro de 1997. Era um dia ensolarado. Chegava, enfim, o dia em que eu, contrariando a medicina, completei 15 anos. As lágrimas de meu pai naquele dia (por não ter perdido sua filha – conforme prognósticos médicos), durante a nossa tão esperada "valsa", ainda molham meus dedos.

Os cuidados com minha saúde nunca pararam. Entretanto, a partir daquele momento, compreendi que minha vida tinha um propósito "maior", que estar vivenciando tudo aquilo não era uma simples "obra do acaso", mas "força e determinação" de uma jovem que queria (e podia) mais da vida.

Tendo sempre em mente o crescimento, completei o ensino médio e já sabia exatamente com o que gostaria de trabalhar: comunicação.

Me restava, agora, entender exatamente o que meu coração desejava. Como sempre gostei muito de ler e escrever, optei pela área do Jornalismo.

O curso superior me trouxe inúmeros benefícios: aprendi a escrever melhor, ter um raciocínio mais rápido e sucinto, lutar por aquilo que acho certo, valorizar o trabalho em equipe, ter um comprometimento com a verdade naquilo que digo, conhecer diversas opiniões – especialmente aquelas diferentes das minhas – e tudo isso também fez com que meu poder de persuasão evoluísse consideravelmente.

Pois bem: pesquisar e estudar muito, esse era o lema de minha vida. Quatro anos depois, graças a Deus, estava formada.

Entretanto, mesmo tendo aproveitado muitas coisas do curso para minha vida pessoal e profissional, e, mesmo tendo atuado na área, concluí que o Jornalismo, infelizmente, não era para mim: definitivamente, eu ainda não estava realizada profissionalmente.

Aproveitando o espanhol – aprendido no ensino médio – e o inglês, que estudava desde pequena, comecei a atuar como recepcionista bilíngue em empresas de pequeno porte, instigando ainda mais minha vontade de seguir estudando, evoluir profissionalmente e crescer como ser humano, sabendo que poderia, sim, vencer meus limites. Só dependia de mim.

Cada criança é um artista. O problema é permanecer um artista depois que crescemos.
PABLO PICASSO

Cirurgia e a chance para vencer

Ao precisar realizar uma cirurgia, eis que surge a necessidade de ficar de resguardo por pelo menos 6 meses. Mesmo chateada, lutei para pesquisar algo que eu pudesse fazer em casa: algum curso, projeto, enfim, qualquer coisa que me mantivesse com a mente ocupada e me trouxesse aprendizado.

Eu sentia que algo de muito bom aconteceria comigo no meio de toda aquela tempestade. E eis que, por meio de uma amiga, surge a oportunidade de participar da implantação da empresa Little Genius no Brasil e, com essa oportunidade, uma bolsa *integral* para cursar uma pós-graduação na área de Gestão de Pessoas. Meu MBA! Um verdadeiro sonho para uma menina simples do interior que, pelos médicos, nem viva deveria estar.

Dois anos depois, eu já era pós-graduada. Como eu havia chegado longe! Mas não tão longe quanto meu coração almejava: aquilo ainda era pouco para mim. Eu já conhecia o meu potencial.

Meu encontro com o Secretariado Executivo: o fim de uma busca, o início de um novo desafio

Durante o período da pós, continuei atuando com atendimento ao público bilíngue. Entretanto, todas as experiências adquiridas e os esforços para seguir estudando me abriram portas para atuar em grandes empresas. Foi a partir desse momento que conheci minha verdadeira paixão: o secretariado executivo.

Tive a oportunidade de atuar com secretárias de alto nível e, avaliando o dia a dia dessas superprofissionais, descobri o que há bom tempo eu já deveria ter concluído: eu nasci para ser secretária.

Nessa etapa da minha vida, eu já estava com 37 anos; e é claro que, de cara, me veio a pergunta: "Mariane, você ainda consegue passar por mais 3 anos de estudos? Fazer uma segunda faculdade, é sério mesmo isso?".

Entretanto, a resposta me veio em forma de lembrança: lembrei-me de que minha mãe começou a trabalhar como babá aos 7 anos e teve seu primeiro registro profissional aos 14; e que meu pai trabalhou, quando menino, na roça, puxando o cabo da enxada, e fez faculdade somente com 43 anos.

Pensei no tamanho do orgulho que tenho por essas histórias e, sem colocar maiores empecilhos, aceitei o desafio e me *aventurei* por mais um curso superior, dessa vez, em Secretariado Executivo Trilíngue. Que tipo de pessoa "medrosa" seria eu ao fugir dessa nova oportunidade que a vida me dava?

> Só não consegue o seu objetivo quem acredita que as coisas são fáceis. Todas as coisas são difíceis, todas as coisas têm que ser lutadas. Quando você consegue algo fácil, desconfie. Porque ela não é tão fácil quanto parece.
> SILVIO SANTOS

Reconstruindo-me na fraqueza

Muitas vezes, quando pensamos estarmos fortes, é justamente quando estamos mais fracos. Comecei minha segunda graduação, muito feliz com a ideia de, finalmente, fazer exatamente aquilo que me sinto preparada para fazer.

Foi intenso demais começar um novo curso, totalmente voltado ao incentivo de habilidades que percebi fazerem parte de mim, como: liderança, iniciativa e criatividade. Mesmo com todos os problemas, sempre gostei de ter autonomia, com um senso ético forte e uma compreensão acerca do meio social, político, econômico e cultural em que estou inserida muito aguçados.

O curso de Secretariado caiu como uma luva para mim. Eu me encanto todos os dias em cada aula, com cada tema discutido, em cada aprendizado. Amo a ideia de ser aquela peça fundamental na relação entre a direção da empresa e seus colaboradores e clientes; apesar de não ser uma pessoa nem um pouco competitiva, o secretariado me ajudou muito a aprimorar meu bom senso, minha diplomacia e minha postura de discrição.

Me via, a cada dia, em constante evolução. Comecei a ter mais iniciativa, estar mais atenta às situações ao meu redor e a ouvir as outras pessoas com mais atenção.

A síndrome de Turner tira muito da capacidade de concentração, mas com muita força de vontade, encarei esse desafio com o pensamento de que todas as minhas tarefas deveriam sempre ser terminadas no prazo correto, uma vez que o cargo que tanto almejei exige um alto padrão de desempenho. E eu não estava indo nada mal.

Entretanto, no decorrer do meu primeiro ano de faculdade, fui surpreendida com a pior notícia da minha vida: a descoberta de que meu papai, meu fiel amigo e companheiro, estava com um grave problema de saúde.

Fiquei completamente sem chão. Nesse ponto, só pensava em desistir, em deixar tudo para trás. Foram dias de sofrimento e muita luta.

Deus o recolheu, mas sinto que seu profundo amor e dedicação continuarão para sempre comigo. É por ele, para ele, que continuarei, terminarei a faculdade e serei uma grande secretária executiva, com a certeza de que tudo o que ele, com minha mãezinha, sempre me ensinaram – exemplos de garra, força, foco naquilo que realmente é positivo e amor ao nosso semelhante – são as motivações que encontrei para me reerguer e seguir em busca de meus sonhos.

O tempo me ensinou que nunca é tarde demais quando se quer brilhar. Acredito que devemos nos agarrar na infinidade do agora, sermos presente de corpo, alma e coração em tudo na vida, fazendo e sendo sempre o nosso melhor.

Nosso sorriso é uma arma poderosa. Confie na força da sua intuição. Dobre os joelhos, enxugue as lágrimas, arregace as mangas. Tenha paciência. E, quando pensar em desistir, lembre-se da sua motivação para chegar até aqui.

Comecei este capítulo dizendo que, se pudesse escolher, pediria a Deus para ter nascido mulher, lembra-se?

A mulher tem algo diferente dentro de si, ela é o combustível que incentiva as pessoas ao redor a nunca desistirem, apesar dos desafios. Não importa o que digam, você é suficiente, é completa e muito mais forte do que imagina.

Algumas vezes, achamos que o mundo não está pronto para nós mulheres. Quando isso acontecer, mude a rota, rasgue até o mapa, se preciso for, mas vá, descubra o mundo ao seu redor e reinvente o próprio destino, sem medo de ser linda, maravilhosa e de ser tudo o que você tem vontade.

Afinal de contas, ser mulher é justamente estar em constante evolução, e nenhum vetor é capaz de medir a garra feminina.

Um ponto crucial para me manter sempre com fé é a minha família. A família é, sem dúvidas, nossa primeira fonte de virtudes, trazendo-nos de forma natural valores inestimáveis e fundamentais e, quando penso na representatividade familiar na minha vida, sinto que sou o reflexo de tudo aquilo que vi e vivi ao longo dos anos, com os aprendizados adquiridos de meus pais, meu irmão, avós, tios e outras várias pessoas que, de uma forma ou de outra, foram fundamentais para minha construção diária.

Conforme as dificuldades que superamos, vamos entendendo que uma mulher de verdade é aquela guerreira, que se torna forte, mas, por outro lado, não perde sua doçura, sua fragilidade, caçando dentro de si a fibra necessária para se reerguer, que sabe o poder das lágrimas, que levanta e dá esperança.

Nem sempre temos a palavra certa para tudo na vida – aliás, dificilmente temos as palavras certas nos momentos certos – mas, bom mesmo, é saber que a mulher tem aquela essência do amor enraizada em si, as palavras de doçura saem do coração de uma mulher com a mesma naturalidade com que uma criança brinca com seu brinquedinho favorito.

Quanto à minha saúde, essa tem lá seus altos e baixos (e quem não tem, não é mesmo?), mas, com a graça de Deus, sinto-me muito bem e preparada para os próximos desafios que a vida há de me reservar.

Deixo aqui uma reflexão: são poucas as mulheres que conseguem envelhecer bem. A necessidade de autoafirmação ou o ego serve para nos mostrar que a nossa sociedade ainda não amadureceu o suficiente e para lembrar que o verdadeiro valor do ser humano está na importância que ele dá à vida.

21

A IMPORTÂNCIA DA ESPIADINHA PELO RETROVISOR

Para mim, o retrovisor serve para dar uma espiadinha de vez em quando e ver quanta coisa aconteceu ao longo da minha vida. Tanto na minha carreira profissional, como na minha vida pessoal. Em busca de uma carreira bem-sucedida, me preparei, e muito, sempre estudando, mantendo contato com pessoas que podem me agregar conhecimento e buscando aprender com as minhas colegas de trabalho. Por onde passei, e até hoje, procuro sempre trazer equilíbrio e leveza ao ambiente de trabalho, mantendo o bom humor e a humildade. Além disso, às vezes, Deus elege você para uma missão que nem imagina do quanto é capaz.

NICE SILVA

Nice Silva

Contatos
ets.2009@hotmail.com
LinkedIn: https://bit.ly/3OGVCDB
11 95769 4728

Bacharel em Secretariado Executivo Bilíngue (1997) e pós-graduada em Administração de Novos Negócios (2002) pela Universidade Mackenzie. Curso Preparatório para Docência na área de Secretariado (2017). Participação no VI Fórum de Inovação em Secretariado Executivo (2018). Curso de Oratória (2019) pela Academia de Expressão. Sólida experiência como secretária executiva, assessorando presidente, vice-presidentes, diretores e expatriados em empresa de varejo e atacado de autosserviço. Responsável pela formação de duas turmas, 2004 e 2005, do curso de Secretariado no Senac, em Santo André, lecionando a disciplina de Técnicas Secretariais.

Não existe limite para o que nós, como mulheres, podemos realizar.
MICHELLE OBAMA

Quando olho pelo retrovisor, a imagem que enxergo é bem pequena e distante, porque muitas coisas aconteceram desde 1992, quando eu voltei a trabalhar nessa empresa, de onde eu havia ficado fora por quatro meses. Atualmente, continuo atuando como secretária da presidência e sendo responsável pela coordenação do *pool* de secretárias de uma importante empresa no ramo de atacado e autosserviço. Posso afirmar, sem hesitar, que sou uma profissional feliz e motivada, porque sei que, apesar de ter muito ainda a aprender, o que eu já aprendi posso ensinar aos demais.

Paulista, primogênita de quatro irmãos, filha de um metalúrgico e de uma dona de casa, desde muito cedo eu já sabia o que queria ser quando crescesse. Não queria ser dependente de ninguém. Quando terminei o ginásio, conversei com meus pais sobre o meu desejo de trabalhar e estudar à noite. Meu pai não concordou e me deu duas opções: ou eu trabalhava ou estudava, mas os dois ao mesmo tempo ele não permitiria. Foi aí que tomei a primeira decisão na minha vida. Escolhi adiar os estudos e fui trabalhar, porque eu não queria depender financeiramente deles. Eu sempre acreditei que a liberdade da mulher está ligada diretamente à sua independência financeira e emocional.

Esse aprendizado veio da minha avó materna, dona Matilde. Ela era analfabeta, mas de uma sabedoria ímpar. Uma mulher à frente do seu tempo, e muito corajosa. Eu não tenho dúvida que essa minha personalidade forte e determinada foi herdada dela. Minha avó sempre foi a minha referência e inspiração como mulher. E, com essa maneira de pensar, fui em busca dos meus sonhos. Nunca medi esforços para alcançar meus objetivos.

Meu primeiro emprego foi numa loja de roupas. Comecei como balconista. Sempre ficava por último no *ranking* de vendas, eu conversava muito com os clientes, mas vender que é bom, nada. O salário era comissionado. Eu ganhava pouco e gastava na loja comprando roupas. Afinal, como toda adolescente, sempre queria estar na moda. Naquela época, eu tinha 15 anos de idade.

Aos 18 anos, já podia decidir a minha vida, foi quando voltei a estudar. Eu trabalhava o dia inteiro na loja e estudava o supletivo à noite. Meu pai já não discordava de mais nada, porque eu já tinha atingido a maioridade e contribuía financeiramente com as despesas da casa. Decidi estudar o supletivo porque já havia perdido muito tempo. Afinal de contas, eu precisava mudar de emprego e queria "crescer" profissionalmente, mesmo sendo encarregada do escritório da loja. Não tive êxito como balconista.

Um dia recebi um convite para tomar conta do escritório de uma retífica de motor de automóveis. Encarei esse novo desafio e, após 8 anos, saí da loja. Um mundo totalmente masculino e diferente para uma jovem que nem dirigir carro sabia. Motor, peças, vendas, retífica... Mas foi lá que aprendi muito. Lidava com diferentes tipos de pessoas, clientes e funcionários.

Em determinado dia, numa conversa com um dos vários clientes que eu atendia, ele comentou que estava precisando de uma assistente. Eu imediatamente me candidatei ao cargo. Foi assim que a retífica de motores de automóveis se tornou a ponte para chegar ao grupo em que atuo até hoje.

Eu ainda não disse, mas meu sonho era estudar psicologia. Naquela época, eu ouvia muito que psicólogo era profissão para poucos e que não se ganhava dinheiro com essa atividade. Mas, de repente, entrei na faculdade, comecei cursando Letras. Seria professora, como meus pais queriam. Como eu sou uma pessoa muito inquieta, não me conformo com o que não faz sentido para mim. Tudo precisa ter uma razão e um porquê. Então comecei a observar a minha insatisfação com o curso e descobri que eu estava fazendo o que os meus pais queriam, mas não estava feliz. Parei com tudo.

Pesquisei outras profissões. Foi quando descobri o secretariado executivo e percebi que a profissão tinha tudo a ver comigo. Eu adoro ouvir as pessoas, ajudar, ensinar e fazer parte do crescimento do outro. Prestei vestibular novamente, passei e mergulhei de cabeça nos estudos. Nunca fui uma aluna nota dez, mas era muito dedicada e curiosa; além do mais, eu adorava o curso. O secretariado é um curso diversificado. Além das matérias comuns, tínhamos disciplina de direito, estatística e muitas matérias em comum com o curso de Administração de Empresas. Mas havia duas disciplinas que eu amava: Etiqueta e Organização de eventos cuja professora eu achava elegantíssima (e ela continua elegante até hoje).

Um dia, essa professora adentrou à sala de aula muito feliz e compartilhou conosco a sua felicidade: um dos seus filhos havia passado na Universidade Mackenzie. Quando eu ouvi o nome da universidade, eu achei chique. Eu nem sabia onde ficava localizada, mas pensei: ainda vou estudar nesse lugar.

Nessa época, eu era assistente comercial, mas o meu foco era ser secretária. E eu deixava isso muito claro para meus colegas de trabalho. Eu procurava falar e me aproximar das pessoas-chave, aquelas que eu sabia que, de certa forma, tinham acesso à chefia. E, antes de terminar a faculdade, fui promovida para secretária de diretoria.

Você pode pensar "pronto, agora chega, né? Conseguiu o emprego numa empresa de grande porte, exercendo a profissão escolhida..." Mas não. A minha meta era ser secretária executiva. E como fazer para chegar lá? Continuar estudando. Lembra a universidade com o nome chique? Pois é, coincidência ou não, minha pós-graduação foi na Universidade Mackenzie. Eu me formei na primeira turma do curso de Administração de novos negócios.

Na vida temos que ter sempre propósitos, seja no âmbito pessoal ou no profissional. Aliás, acho que eles sempre se misturam: você pode até ter a intenção de separá-los, mas se não estiver bem com a vida pessoal, vai afetar a profissional, e vice-versa. Por isso, eu sempre me preocupei em desenvolver o meu autoconhecimento. Quanto mais você se conhecer, mais você saberá seus limites e sua capacidade. É claro que esse discernimento não surgiu de uma hora para outra, foi conquistado por meio das dificuldades e dos obstáculos que eu encontrava pelo caminho.

A empresa em que eu trabalhava, como tantas outras, vivia em fase de mudanças, e sempre encarei as mudanças positivamente . Numa delas, eu fui indicada para assessorar um novo executivo recém-contratado. Nesse momento, eu conseguia enxergar que seria uma experiência muito bacana, porque era uma área nova, um executivo que havia chegado do mercado e, para mim, significava muito aprendizado e a possibilidade de poder ajudá-lo, afinal de contas, eu conhecia bem o nosso negócio.

O profissional do secretariado leva vantagem em relação aos demais quando ele conhece muito bem a empresa para a qual trabalha, quando conhece a missão, trabalha alinhado e tem domínio tanto sobre os objetivos estratégicos quanto sobre os clientes internos e externos.

Pois bem, passaram-se 2 anos e veio o convite para eu participar do processo seletivo interno para uma vaga na diretoria executiva. E qual era o meu objetivo? Ser secretária executiva. Por isso aceitei, participei e passei no processo.

E, para a minha surpresa, me defrontei com o período mais difícil e importante na minha vida profissional: assessorar um executivo extremamente desafiador em todos os sentidos da palavra. Ele testava meu conhecimento e a minha habilidade o tempo todo. Foi aí que eu contratei, do meu próprio bolso, uma consultoria para me ajudar a desenvolver a assertividade. Eu precisava ser uma pessoa mais assertiva e com a autoestima elevada. Afinal, eu conhecia o meu valor e tinha certeza da minha capacidade profissional. Eu pensava: ele acabou de chegar, não me conhece, e não será ele que vai me derrubar. Dito e feito: um ano se passou e o executivo saiu da empresa. Então, a diretoria fundiu-se à outra e eu voltei a trabalhar numa área onde eu já havia trabalhado por dez anos. Fui super bem recebida.

Estou contando essa passagem da minha vida para você perceber que, muitas vezes, é necessário darmos um passo para trás, para depois darmos três passos e seguir em frente. Hoje percebo que essa fase foi muito importante, porque eu descobri muitas coisas, dentre elas que sei lidar com pessoas. Com pessoas fáceis qualquer um lida, agora lidar com pessoas difíceis, aí sim traz muito aprendizado. Foi assim que eu me descobri forte e assertiva. E o meu triunfo foi me fazer ser respeitada por esse executivo.

Nessa área, atuando como secretária, eu assessorava o executivo comercial responsável pelo Brasil. Por isso, tive a oportunidade de viajar para conhecer os escritórios regionais, entre eles: Rio de Janeiro, Fortaleza, Brasília e Curitiba, além dos centros de distribuição. Foi uma experiência valiosa, porque me fez perceber o quanto eu pude aprender, me envolver nos projetos e estreitar o relacionamento tanto com os colegas de trabalho quanto com fornecedores e prestadores de serviço. Além de constatar *in loco* a real necessidade de cada parceria, a peculiaridade de cada regional, tudo isso facilitou o meu trabalho. A partir disso, eu procurava ser cada vez mais assertiva no dia a dia do meu trabalho.

Eu sempre recomendo ao meu time conhecer de perto as áreas que cada uma trabalha. Como secretária de uma diretoria, é necessário conhecer as pessoas-chave que trabalham na sua área, ouvi-las e saber onde estão localizadas no escritório. A secretária precisa ser vista. Talvez ela não conheça todos da sua área, mas as pessoas precisam saber quem é ela e conhecer o seu trabalho.

Já foi a época em que o profissional do secretariado se preocupava apenas com o executivo para quem ele trabalha. Atualmente, o papel de uma secretária executiva está muito além dos requisitos básicos. Ou seja, nos dias de hoje, ela é considerada o braço direito do executivo da chamada alta direção. A escolha desse profissional está cada vez mais exigente no mercado de trabalho. Eu arrisco dizer que essa seleção é similar à procura para o cargo de gerente ou assessor. Eu falo isso porque algumas das habilidades exigidas são: motivação, liderança, boa comunicação, ser eficaz no gerenciamento do tempo, ter poder de decisão, capacidade de conectar pessoas, ser flexível e, imprescindível também, ser um profissional polivalente.

Esse cenário não é uma projeção de futuro, mas, sim, uma exigência atual no mercado. O profissional do secretariado executivo trabalha não apenas como facilitador da vida do executivo, mas agiliza as atividades internas, sempre buscando uma visão sistêmica de todos os processos, tendo como bússola a missão, os valores, os objetivos e o planejamento estratégico, com o intuito de contribuir com o resultado e a qualidade do serviço prestado pela empresa.

Mas, para conseguir se tornar um excelente profissional do secretariado executivo, é necessário ter conhecimento sobre diversas áreas que essa profissão demanda. É preciso estar sempre conectado com a atualidade – ou seja, com tecnologia, política, economia, assuntos nacionais e internacionais, entre outros temas –, porque somente com o conhecimento diverso é que será possível conseguir uma posição estratégica no mercado, garantindo a sua empregabilidade.

Na vida vivemos vários personagens, como: filha, irmã, amiga, namorada, esposa e, no meu caso, secretária. Mas existia um papel que eu havia decidido não exercer: o de mãe. Eu adoro criança, mas como a dedicação à carreira tinha sido total, eu não conseguia ver a possibilidade da maternidade na minha vida.

Então, quando eu achava que tudo estava sob controle, aos 44 anos, descobri que estava grávida de 10 semanas. No primeiro ultrassom já soube que seria um menino. Fiquei muito feliz, porque havia 6 meses que eu tinha perdido o meu pai. Foi a partir daí que tive a certeza de que nessa vida não estamos a passeio. Estamos aqui porque temos um propósito e uma missão. Fazemos planos, traçamos metas e, quando pensamos que chegamos lá, Deus nos surpreende e nós dá uma missão. E Ele me escolheu e me deu a missão de ser mãe de um garoto maravilhoso, que, aos 6 anos, foi diagnosticado dentro do espectro do autismo (TEA).

Como sabem, o autismo não tem cura. É um distúrbio do neurodesenvolvimento que apresenta desenvolvimento atípico, manifestações comportamentais com déficits na comunicação e na interação social, muitas vezes com padrões de comportamentos repetitivos e estereotipados, com a possibilidade de apresentar um repertório de interesse em atividades restritas. De acordo com o grau de comprometimento, o TEA é classificado em nível 1, nível 2 ou nível 3. O meu filho está no nível 1, o chamado grau leve. Ele é um menino lindo, inteligente, único e responsável pelo meu amadurecimento como ser humano.

Quando recebi o diagnóstico dele, eu estava sozinha. Era uma quinta-feira, às 19h30. A primeira pergunta que fiz para a médica foi: o que tenho que fazer? Nesse momento, eu encarei a situação e a aceitei imediatamente. E nunca tive nenhum problema para falar sobre isso. Comecei a ler sobre o assunto, conhecer outras mães de crianças autistas, consultar diferentes profissionais e assim a minha vida foi tomando outro rumo e adquirindo outros interesses que mudaram radicalmente.

Hoje tenho a consciência de que o meu filho me escolheu como mãe para eu aprender como ajudá-lo a melhorar e se desenvolver a cada dia. E, em cada conquista dele, fica clara a minha realização como pessoa. Eu sou muito orgulhosa e feliz por ser mãe de uma criança autista, porque ele é único. Nenhum autista é igual ao outro.

Como eu disse anteriormente, o papel de mãe não estava nos meus planos, até porque eu achava que não era possível conciliar a carreira profissional e os filhos. Nunca acreditei que a ausência materna prejudica a criança. Eu acredito no contrário, que o fato da mãe trabalhar fora torna essas crianças autônomas e serve como espelho por conta do sucesso da mãe. Porém, no meu caso, é diferente, meu filho é dependente de mim. Mais um motivo para eu seguir com a minha vida profissional.

Eu ouvi de muitas mães a pergunta: "Por que você não para de trabalhar e se dedica ao seu filho?". E eu sempre respondi: primeiro, eu amo a minha profissão e sou feliz com o meu trabalho; segundo, o resultado do meu trabalho é o que me possibilita oferecer a ele uma boa condição de vida; terceiro, é saudável para ele.

Mas não posso deixar de dizer que, para tudo dar certo, é necessário ter uma boa estrutura de ajuda. Manter uma organização e seguir uma agenda é fundamental para conseguir atingir seus objetivos. Principalmente para quem tem filhos pequenos, os imprevistos são inevitáveis. Assim, é necessário estar preparada para manter uma rotina eficiente e fazer uma lista de prioridades e ficar atenta a ela. Por isso, eu recomendo manter sempre que possível as suas tarefas diárias do trabalho em ordem, porque você nunca sabe quando terá que "sair correndo" para atender ao chamado de um filho. Inclusive, hoje, com o advento do *home office*, é menos sacrificante. Então, entendi que é possível conciliar vida profissional e filhos de maneira saudável.

22

UMA MENINA SONHADORA SE TORNOU UMA MULHER EMPODERADA E PROTAGONISTA DE SUA PRÓPRIA HISTÓRIA

Nasci para quebrar paradigmas. Tive medo, insegurança e desapontamento, pois a trilha de uma mulher independente é árdua. Não desisti. Minha linhagem é de mulheres fortes, que sabem seu valor, sua missão e seu propósito. Saí do casulo com dignidade, respeito e força, mostrando ao mundo que sou capaz e merecedora.

PATRÍCIA SANTOS

Patrícia Santos

Contatos
patricia@parfum.com.br
Instagram: @patyparfum
Facebook: Paty Parfum

Tecnóloga em Marketing de Varejo (2002), pedagoga graduada pela Uniban (2012), pós-graduada em Docência no Ensino Superior pela FMU, pós-graduada em Perfumaria pela Faculdade Oswaldo Cruz (2017). *Coaching* (Febracis), *Masterclass* Perfumaria 360 (Renata Ashcar) e *Coaching* em Vendas (IBC).

> *Só há uma coisa na vida que precisamos aprender, e ninguém ensina isso nas escolas: a capacidade de suportar.*
> CLARICE LISPECTOR

Hoje, quando recordo toda minha trajetória, faço uma análise dos movimentos que acompanhei e percebo o quanto vivemos grandes lutas e transformações. Surge em minha memória *flashes* de uma infância interrompida abruptamente, que em questão de instantes perdera o trono da filha preferida do papai e da vida confortável, pois eles não se separaram para não mais brigar, e sim para se odiarem. Segui por tanto tempo procurando erroneamente esse pai em relacionamentos afetivos. Naquela época não tínhamos tanta compreensão dos fatos, tudo era tabu. Foi uma infância difícil, não tinha contato quase nenhum com meu pai, e minha mãe trabalhava incansavelmente. O castelo havia desmoronado. Na verdade, não houve infância. A menina doce e tímida, que sonhava em conhecer Paris, fazer balé e ser médica, seguiria outro destino.

Comecei a lidar com o preconceito ainda criança. A separação da minha mãe foi um escândalo na época. Com apenas 10 anos de idade, a sociedade já me rotulava e me bania dos núcleos sociais. As pessoas eram implacáveis. Minha mãe não havia feito uma boa escolha no segundo casamento e passei por situações difíceis, mas Deus sempre me protegeu.

Sendo a filha mais velha, comecei a trabalhar aos 12 anos em uma escola infantil para ajudar minha mãe. Sonhava em ser professora, mas a vida me deu a primeira missão de superação tão menina ainda: minha mãe sofrera um acidente e teve a perna amputada aos 33 anos. Tive mais uma experiência negativa sobre os homens: meu padrasto abandonou minha mãe logo após o acidente, deixando-a com uma filha de um ano, fruto do casamento deles, e havia ainda eu e minha irmã. Minha mãe havia passado muito tempo no hospital e, agora, tinha apenas a si mesma, nós e Deus, mas ela me ensinou a ser forte, pois, mesmo com o abandono e debilidade, lutou para seguir em frente e venceu. Fez duas faculdades, comprou seu imóvel e nos mostrou que nós, mulheres, somos uma fortaleza. Desde então, lido com as diferenças. Cresci frequentando a AACD com minha mãe. Depois, conheci o universo das crianças com deficiências. Decidi que seria uma mulher bem-sucedida e, a partir dali, dei início à minha transformação.

Aos 14 anos, fui trabalhar no centro de São Paulo. Eu acordava às cinco da manhã, para chegar ao trabalho às oito e meia e estudava à noite, mas sonhava alto. Agora, a menina tímida começava a se transformar em uma mulher forte. Depois, fui contratada em um banco, rapidamente tive ascensão de carreira, com três promoções em curto prazo de tempo.

Aos 18 anos, casei-me. Ainda procurava um pai. Tinha dentro de mim uma carência enorme de família, de amor, de sentir-me digna, pois era tanta discriminação, que me fragilizava. Pedi demissão do banco para cuidar dos filhos, e o príncipe virou sapo. Sofri violência doméstica física e emocional.

Aos 25 anos, abandonei minha própria casa e fugi com meus filhos para não morrer emocional e fisicamente. Precisava de um emprego e estava temporariamente na casa de uma amiga. A partir desse momento, comecei a trilhar meu caminho profissional, pois, agora, eu não era mais sozinha: havia meus filhos e tinha que lutar para sustentá-los.

Trabalhei como secretária, depois como assistente pedagógica e me casei novamente. Tudo parecia tranquilo. Fiquei grávida de gêmeos. Foi um grande susto. Nasceu um casal, e o menino era uma criança com deficiência. Meu marido, na época, não aceitou. Com um filho com deficiência, passei quase um ano dentro dos hospitais, tentando salvá-lo. Hoje ele tem 31 anos. Fui abençoada. Em meu caminho encontrei verdadeiros anjos e, por meio deles, coloquei meu filho em uma escola que mudou sua vida. Com a verdadeira inclusão, ele ingressou no mercado de trabalho. Foi uma trajetória linda, de luta contra o preconceito, crença e superação.

Mas veio a separação. Agora, com quatro filhos e sozinha. Para a família, eu era muito irreverente e dona de mim, a ovelha negra, como dizia meu avô. No fundo, sempre tive muita fé e sabia que Deus me amparava mesmo quando não havia dinheiro para pagar o aluguel ou tínhamos apenas ovos para o jantar. Dizia a eles: "Fechem os olhos e vamos imaginar que estamos comendo uma carne bem suculenta". Acordava a cada dia com a certeza de que aquele dia seria melhor, e assim foram longos dias, porém com a certeza de que agora eu estava construindo meu grande sonho: ter uma família unida, linda e forte.

Recomecei minha vida. Me casei outra vez e dessa união tive um filho. Meu companheiro foi incrível! Me ensinou o amor, a bondade e a espiritualidade. Mudei de emprego e entrei na área da beleza. Estava obstinada a dar uma guinada na minha vida. Queria dar aos meus filhos tudo aquilo que eu não tive e que nada mais faltasse a eles. Minha separação foi inevitável, pois era uma mulher decidida a vencer, não mediria esforços, e meu companheiro não entendia aquela obstinação. Eu, por imaturidade também, não consegui administrar a situação. Eu queria e iria vencer!

No início foi difícil, pois havia perdido tudo em uma enchente. Saí com os filhos e a roupa do corpo e recomecei. Aluguei um apartamento, mas precisava completar renda para pagar o aluguel. Passei a trabalhar aos sábados de garçonete em um restaurante. Aos domingos, trabalhava na feira para alimentar meus filhos. Me divertia muito com a simplicidade e verdade daquelas pessoas. Na empresa em que trabalhava a semana toda, em pouco tempo, fui promovida à gerente de vendas.

Eu queria ser executiva. Estudei muito! Fiz incansáveis cursos. Me formei em duas faculdades e duas pós-graduações.

Foram dias de lutas e incertezas. Como era difícil ser uma mulher de negócios. Divorciada, jovem, vaidosa e tendo que mostrar o dobro de capacidade de um homem. Fechei grandes negócios por competência. Por ser mulher temos sensibilidade, estratégia, clareza e muita perspicácia. Quando começou a era dos computadores portáteis, pouquíssimas pessoas possuíam. Lembro-me de estar vestindo um conjunto de terno e saia rosa no aeroporto, a caminho do nordeste, pois atenderia uma grande rede de magazines naquela semana. Liguei meu computador e comecei a trabalhar. Foi intrigante a expressão de espanto dos homens ao redor vendo uma executiva usando seu laptop.

Muitas vezes, em grandes negociações, eu tinha que colocar meu lado masculino em evidência para ser respeitada. Precisava bater na mesa, falar alto. Nesses momentos precisamos vestir outro personagem para chegar ao objetivo, mas não devemos nunca esquecer a nossa essência.

Assédio na minha época era um tema polêmico. Isso parecia fazer parte do dia a dia. Tínhamos sempre que nos impor e mostrar nossa inteligência e integridade. Éramos vistas como seres frágeis e indecisas. Foram anos para reconhecerem nosso talento, mérito e capacidade. Até hoje lutamos por isso. Acredito que a mulher pode ser feliz de várias maneiras. Confesso que, muitas vezes, sinto falta de ser a mulher do lar, mas fiz uma escolha, nada que me impeça nas horas livres (que são poucas) de exercer outra atividade.

Amo meu trabalho e minha carreira, percebo que temos momentos de bastante reflexão. Precisamos ser fortes. Quantas vezes me perdi de mim mesmo.

Uma vez meu filho me disse: "Mãe, você está parecendo um general. Cuidado!". Isso me levou a repensar e, um mês depois, estava inscrita na dança do ventre para trabalhar minha feminilidade, sem perder meu foco e profissionalismo, sem esquecer da mulher virtuosa que sou. Como é difícil para nós e para as pessoas ao nosso redor compreender essa dualidade. No momento que somos únicas em nossa caminhada, começamos a fazer dois papéis em nossas vidas: o feminino e o masculino. As pessoas nos confundem, acham que somos a todo o tempo fortes, donas de si e absolutas. Continuamos sonhadoras, sensíveis e inteligentes, mas dentro da nossa armadura de combate do dia a dia. De modo algum, devemos nos desconectar da nossa deusa interior. Sempre digo "Amo ser mulher!". Vocês já imaginaram o quanto somos extraordinárias? Trazemos outro ser à vida. Temos amor incondicional. Somos profissionais resolvidas e inteligentes. Somos divas.

Enfim, tudo estava indo bem. Continuava na distribuidora de cosméticos importados e casada. Aos quatro meses de gestação do meu último filho, recebi uma proposta de trabalho para uma distribuidora de perfumes franceses. Senti-me honrada, pois, no final dos anos 90, receber um convite de trabalho grávida era algo surpreendente. E assim me tornei a mais nova gestante contratada, quebrando outro tabu. Aprendi muito. Atendia as principais redes do Brasil. Foi uma grande escola.

Certo dia, alguns problemas afetaram a empresa, que deixou de pagar os fornecedores franceses e fechou as portas. Fiquei arrasada, sem chão. Porém, como sempre digo: "Existem anjos em nossa caminhada, precisamos apenas percebê-los". Um amigo da empresa me avisou que os franceses, donos da marca de perfumes, viriam avaliar a situação no Brasil e todos os colaboradores seriam convocados. Eu havia pensado em desistir de tudo e voltar a lecionar. Nesses últimos anos, no mercado de cosméticos, tive muitos clientes que se tornaram grandes amigos. Uma vez alguém me disse: "Você tem muito talento, não desperdice, não se abandone".

Fui à reunião, mas não sabia que ali seria realizado um grande sonho da menina meiga e tímida. Depois de avaliarem nossa *expertise* anunciaram: "Levaremos dez pessoas desse grupo para nossa sede em Paris e uma delas será escolhida para gerenciar a filial do Brasil".

Acredite, meu sonho se tornou realidade. Eu finalmente conheceria Paris. Toda vez que eu falava isso para minha mãe, ela ria e dizia que eu não tinha juízo. Quando mostrei minha passagem, ela enfim acreditou. Todas as despesas foram custeadas pelos franceses, inclusive meu passaporte. Arrumei uma mala emprestada com um amigo e, em 1990, parti para Paris. Quando lá cheguei, me apaixonei pela Catedral de Notre-Dame. Parei na porta e fiquei admirando sua bela arquitetura. Chorei emocionada com o coral. Era Paris, eu estava ali, era verdade! Olhei para o céu e agradeci a Deus. Ele havia me dado a direção e as forças para chegar até aquele grande momento. Foi maravilhoso! Estava radiante de felicidade e de coração aberto. Sabia que podia acreditar, pois a "Vida é Deus!"

Na comitiva dos dez brasileiros, eu era a única mulher. Nossa, como fui testada! Em momento algum fingi ser quem não era, nunca traí meus princípios e minhas verdades.

Eu estava tão feliz em estar naquele país que pensava "se eu for a escolhida, vai ser incrível; se não for, com certeza, foi uma experiência sensacional". No dia "D", o presidente do grupo, em suas últimas palavras, disse: "Quando olho nos olhos dessa pessoa sinto a verdade, sinto que posso confiar, e essa pessoa é você, Patrícia". Não acreditei, apenas disse: "Eu?!" Ali com certeza começaria minha mais bela trajetória.

Havia um distribuidor que tinha ainda alguns perfumes da Paris Elysees. Então, fui buscá-los. Era minha grande oportunidade e nada poderia dar errado. Era a chance de dar um novo rumo em minha vida. Peguei uma mochila de perfumes e saí oferecendo o produto, pedindo para amigos se tornarem representantes e me ajudarem a entrar no mercado. Formei uma grande rede de colaboradores maravilhosos, que até hoje seguem comigo. Meus clientes foram essenciais, acreditaram na minha capacidade, pois quando eu colocava o produto na loja, me sentia responsável por fazer as vendas acontecerem.

Me formei em Marketing para trabalhar com mais propriedade. Por não termos agência, nós mesmos criávamos o próprio marketing e *merchandising*. Depois de quase um ano, sozinha no Brasil, o presidente da empresa enviou um francês para compartilhar todo o meu conhecimento e formamos uma dupla. Fizemos uma grande mudança no portfólio dos perfumes. Eu queria fazer a marca ser conhecida, então criei um "Quartel de Perfumistas", eram as promotoras de venda, todas vestidas de *pink*. Sempre fui muito criativa e de gosto apurado. Acho que foram as lembranças da minha primeira infância, em que convivi com duas tias totalmente à frente de seu tempo e muito estilosas. Fiz muitos eventos e entrevistas pelo Brasil.

Com esse trabalho, pude dar uma vida digna e confortável aos meus filhos. Nunca mais sofremos privações. Trabalhei muito, tentando sempre ser minha melhor versão. Fiz pós-graduação em Perfumaria. Me inseri nesse meio, com pessoas maravilhosas. Aprendi e continuo sempre me aprimorando. Tenho muitos outros projetos para realizar em minha vida. Como será que o universo me mostrará o caminho? Espero que, em breve, eu possa contar para vocês.

Uma mulher forte não se faz de vítima. Ela se levanta, se arma e enfrenta a batalha; quando tudo parece perdido, lembra-se de quem é filha.

Muitas vezes me perguntei: por que teria que estar sempre em estado de superação? Há pouco tempo entendi que o Pai tem seus escolhidos. Aqueles que atravessam tormentas e permanecem na sua fé, um dia testemunharão que Deus capacita, protege, salva e honra seu filho.

23

SONHE, ACREDITE E FAÇA!

Vou contar para vocês a história do meu sonho de criança, que não se realizou, mas que não destruiu o futuro daquela mocinha do interior que queria muito fazer algo incrível. Resiliência, persistência, fé em fazer acontecer e ainda não ter medo de recomeçar, voltar um passo atrás para ganhar impulso para um grande salto. Acredite, é possível recomeçar uma carreira e uma nova profissão depois dos 40.

ROBERTA SANTOS

Roberta Santos

Contatos
clinicadnavitalroberta.com.br
robsantos@robstudio.com.br
Instagram: @robstudio2019
@robsantos_consultoria
@clinicadnavital_robertasantos
LinkedIn: https://bit.ly/370e0Gr
31 99174 7000

Cristã, esposa, mãe do Isaac e da Debi, empreendedora mineira, fundadora do Rob Studio, um espaço de beleza, estética e tattoo, e da Rob Consultoria & Empreendedorismo de Imagem; também proprietária da Clínica DNA Vital Roberta Santos. Pós-graduada em Tricologia, pela Faculdade Unyleya; terapeuta capilar da DNA Vital Hair Therapy; consultora de imagem e visagista formada pela Escola de Negócios Enmoda; Empreteca pelo Sebrae Minas; graduada em Secretariado Executivo Bilíngue pelo Centro Universitário Newton Paiva; certificada ACEA™ (*Advanced Certificate for the Executive Assistant*) pelo Business Management Training Group de Londres, Reino Unido. Após 20 anos como assessora executiva, decidiu, em 2019, seguir seu sonho de empreendedorismo. É apaixonada pela arquitetura de imagem e tem o propósito de vida de promover a saúde e o embelezamento capilar juntamente à autoestima das pessoas. Seu trabalho é aliar cuidado e beleza por meio dos conceitos de autoconhecimento, autocuidado e autoconfiança.

Incrível? Sou! E que mulher não é? Nossa luta já começa no primeiro respirar. Tudo que nos cerca, seja a sociedade, a família ou o trabalho nos desafia, fazendo com que lutemos com bravura para sermos quem a gente quer ser. O mundo precisa evoluir muito ainda para que nós possamos ser tratadas com a equidade de direitos que precisamos e merecemos. Mas o assunto deste capítulo não é esse. Só precisava dizer para você que é incrível, mulher, e que estamos juntas nessa.

Quando criança, queria ser médica. Família humilde, de Itaúna, interior de Minas Gerais, nascida e criada para estudar até me formar no 2º grau; depois, trabalhar, casar e ter filhos. Aos 11 anos, já trabalhava na lojinha da tia de um coleguinha. Sabe aquelas lojas que vendem de tudo um pouco, de panelas a brinquedos? Era dessas. Íamos depois da escola, época natalina, para ajudar no empacotamento e atendendo quem entrasse na loja. Trabalhava umas 4 horas por dia, ganhava pouquíssimo, mas já dava para comprar o material escolar.

Depois disso, comecei a dar aula particular para algumas crianças da rua, mas confesso que não tinha muita paciência, não deu muito certo. Minha missão era ajudar minha mãe em casa com os afazeres domésticos e ir para escola. A adolescência (11 aos 15) não foi uma fase muito boa para mim, sem muita perspectiva, os namorinhos que nunca davam certo, o dinheiro curto da família, o desemprego do pai e sua ida para a região metropolitana a fim de procurar emprego. Foi assim que nos mudamos para a cidade de Contagem, que fica pertinho de Belo Horizonte.

Meu pai encontrou emprego de inspetor de segurança em um shopping de BH e conseguiu também emprego para minha irmã mais velha, que já tinha 18 anos. A família ficou separada por um tempo até eu e minha mãe nos mudarmos para Contagem também. Fiquei muito triste, chorosa, não queria sair da minha cidade de jeito nenhum, largar os amigos, a escola e os *crushes*, mas não tive escolha. Mudamos. Choque de realidade: as mudanças sempre acontecerão, mesmo sem a nossa vontade, o que fará a diferença é como vamos encará-las.

Mudei de cidade, de uma casa grande para um apartamento pequeno, de uma escola estadual para uma municipal, de estudar de manhã para a noite. Muita coisa para uma adolescente mineirinha do interior, tímida e sem autoestima. Parece simples, mas para mim era tudo muito gigante e desafiador. Mal sabia eu que minha vida estava prestes a mudar para sempre ali naquela cidade.

No primeiro dia de aula, muito nervosa, eu conheci o meu marido, Cristiano (Cris). Vocês acreditam nisso? Ele foi o primeiro carinha que vi no pátio da escola, ele era popular e lindo. Já pensei: nem vou flertar porque um cara desses nunca vai olhar para mim. Eu realmente não investi, mas ele investiu tanto que já estamos há 28 anos juntos. Tinha acabado de conhecer ali o pai dos meus filhos, Isaac e Deborah. Cris foi quem mais me ajudou no processo de recuperar minha autoestima e meu autoconhecimento. Ele é um cara amigo, companheiro, coração aberto e um grande incentivador do meu crescimento profissional.

A medicina já não era mais possível para minha realidade, precisava trabalhar para ajudar meu pai em casa e construir a minha vida. A faculdade já era um sonho quase impossível de realizar. Naquela época, ou você pagava uma faculdade particular ou estudava muito para tentar passar na Federal, não tinha nenhuma facilidade de ingresso universitário.

Os empregos que eu conseguia aos 16 eram de meio período. Fui balconista e vendedora de comércio de bairro, monitora em eventos infantis, lavadora de pratos em lanchonete e fazia docinhos para vender na rua nas épocas em que não conseguia trabalho. Aos 18 anos, consegui meu primeiro emprego CLT em uma loja de eletrodomésticos de BH, era auxiliar de escritório e analisava as fichas cadastrais dos clientes.

Eu não gostava nem um pouco de trabalhar no comércio. Sempre gostei muito de estudar e fazer coisas desafiadoras que mexem com o intelecto. Queria fazer algo importante que me tornasse única e ser a melhor nisso, mas não tinha ideia do quê.

Um belo dia, folheando o catálogo de telefone nas páginas amarelas (lembra-se disso?), vi um anúncio de um curso de graduação numa faculdade de BH: Secretariado Executivo Bilíngue. Esse nome complexo e lindo me chamou a atenção, logo pensei nas secretárias chiques das novelas, ter uma mesa grande, um computador e um telefone só para mim, vestir roupas executivas e ser elegante. Tudo que eu queria. Minha primeira ação foi ligar para a faculdade e entender como funcionava o curso e o vestibular. Quando soube das informações, fiquei ainda mais motivada a fazer o curso, porém era caro demais para mim, quase o dobro do valor do meu salário. O bom era que eu já sabia o que queria. Pesquisei sobre o mercado de trabalho para as secretárias executivas: quanto maior a fluência em idiomas, maior era o salário. Iniciei um curso de espanhol, o inglês eu começaria a cursar na faculdade, esse era o plano e o sonho.

O vestibular estava se aproximando e como nunca tinha feito um, resolvi ter essa experiência. O curso não era muito concorrido, mas eu estava enferrujada dos estudos, então não criei expectativas. Ser surpreendida era melhor do que se desapontar.

No dia do resultado do vestibular, recebi duas notícias: eu passei e fiquei em 3º lugar na classificação do curso, porém a empresa que eu trabalhava decretou falência e fui demitida sem receber um tostão. A felicidade e a frustação juntas ao mesmo tempo. A realidade era: mesmo se trabalhasse, não conseguiria pagar o curso; e conseguir o FIES era improvável. A saída era adiar o sonho de fazer a faculdade e procurar outro emprego no comércio. Todavia, eu não contava com o homem maravilhoso que eu tinha a meu lado.

Cheguei em casa com as novas para o meu pai que ficou muito triste por eu estar desempregada, ter acabado de passar no vestibular e não poder cursar, as palavras dele foram as seguintes: "Oh, minha filha, você não devia ter tentado esse negócio de vestibular, a gente não tem dinheiro pra isso". A cara de tristeza e decepção dele me fizeram chorar, e eu chorava era nos ombros do Cris. Desabafei com ele no telefone e estava indignada mesmo, tanta gente com condição de estudar e não estudava e eu sofrendo ali para tentar melhorar a minha vida e ser uma profissional. Na verdade, estava passando por uma situação que era a realidade de muitos jovens brasileiros naquela época. Cris me disse assim: "Você vai realizar o seu sonho de estudar, sim! Me dá um minuto que te ligo de volta".

Naquele momento ele conversara com a mãe sobre pagar meu curso. Cris também não ganhava muito, era projetista em uma empresa de aquecimento solar. O salário daria para pagar a faculdade, mas não sobraria nada para ele. Minha sogra concordou que ele me ajudasse, apesar da quantia fazer falta em casa, mas a sororidade dela falou mais alto. Então, ele me ligou com a notícia: "Beta, falei com a minha mãe, ela abriu mão da minha ajuda em casa por um tempo e eu vou pagar seu primeiro semestre, assim você garante a vaga até conseguir um bom emprego".

Cris também é incrível!

Nem preciso dizer a minha felicidade em começar a frequentar as aulas. Cris pagou o boleto da matrícula e agora era só aguardar começar o semestre, conseguir receber meu acerto rescisório da empresa e procurar um emprego ou estágio.

Na faculdade, o dinheiro só dava para a passagem e para as cópias. Quando não conseguia levar lanche, passava fome mesmo. Que luta! À procura de um estágio, vi no painel de anúncios da própria faculdade um comunicado dizendo que uma multinacional, montadora de veículos automotores, estava com uma vaga para estágio e iriam lá explicar o processo de seleção. Era a chance da minha vida. Lá estávamos eu e mais 69 alunas concorrendo à vaga. A solução da empresa foi sortear 15 currículos no momento, eu fui a 14ª sorteada. Pensa numa mulher de fé que orava incessantemente, eu!

A entrevista na empresa foi às 8h da manhã do dia seguinte, vestindo roupas emprestadas que nem eram tão boas assim, sem experiência, eu só tinha meu espanhol de vantagem técnica, mas muita força de vontade, honestidade e um lindo sorriso. Na entrevista, o gerente perguntou: por que você quer trabalhar nessa empresa? Eu respondi: senhor, eu preciso desse estágio para pagar minha faculdade. Estou desempregada, meus pais não têm condições de me ajudar e, se eu não conseguir nada nesse semestre, vou ter que trancar a matrícula. Não tenho experiência como secretária, nunca trabalhei em escritório, mas essa é a profissão que eu escolhi, e o senhor não vai se arrepender em me contratar. Vou ser a melhor secretária que essa empresa já teve.

Ele ficou me olhando, não sei se estava emocionado, com pena ou assustado. Me agradeceu pela entrevista e ali nos despedimos. Resultado do processo: eu fui a escolhida. Comecei o estágio no dia seguinte.

Fui contratada pela empresa após um ano de estágio: secretariei gerentes, diretores e superintendentes de várias nacionalidades. Foquei na carreira, em idiomas e me destaquei; trabalhei com toda excelência possível, tornei-me a melhor. Assumi a assessoria da presidência da multinacional cinco anos depois de contratada e fiquei nessa posição durante 14 anos. Foram 3 presidentes assessorados por mim. Promessa cumprida ao gerente que me contratou como estagiária: ser a melhor secretária que a empresa já teve, fiquei lá por 20 anos da minha vida.

Mas a inquietude em meu coração empreendedor era grande. Eu já tinha atingido o sucesso profissional que tanto queria. O lado executiva estava falando mais alto, e eu não conseguiria ser a gestora que eu queria dentro daquela organização patriarcal, em que 90% dos colaboradores eram homens e 10% mulheres. Precisava de espaço, de crescimento e de ser dona do meu tempo.

Por conta das minhas habilidades com a boa imagem, assessoria executiva, gostar de se vestir bem e ajudar as pessoas nisso, especializei-me em Consultoria de Imagem & Estilo e Visagismo. Saí da multinacional e comecei a Rob Consultoria e Empreendedorismo de Imagem, depois montei o Rob Studio (RS), na cidade de Contagem, com meu marido que agora é tatuador. Um estúdio com salão de beleza, estética, tatuagem e o meu escritório de consultoria. Começava ali o meu sonho empreendedor, 4 meses antes da pandemia de 2020.

Nem preciso dizer dos prejuízos, da tensão da eminente crise econômica, da possibilidade de fechamento de nossos negócios e de pensar em voltar ao mundo corporativo, opção que não me agradava. Eu comecei a atender as pessoas em minha casa. Moro em um condomínio fechado na cidade de Betim, e as minhas vizinhas pediam atendimento dentro do condomínio já que a maioria dos salões estava fechado. Vi uma grande oportunidade de negócio ali e acabei montando um salão de beleza no quarto dos fundos que funciona até hoje. Esse foi meu segundo RS inaugurado em meio à pandemia.

Meses depois do início da pandemia, alguns clientes começaram a me procurar com sérios problemas capilares por causa da Covid-19. Infelizmente, nem eu nem minha cabeleireira tínhamos conhecimento nem produtos para isso. Fui procurar no mercado o que, como e onde eu poderia obter conhecimento e práticas que tratassem doenças capilares. Assim, encontrei a Terapia Capilar (TC) e a empresa DNA Vital, em Florianópolis, Santa Catarina. Não bastava aprender somente sobre as doenças que afetam o couro cabeludo e os fios, eu queria aprender na melhor escola do país, e assim fui.

Especializei-me então em TC, conheci os cosmecêuticos da DNA Vital e a metodologia de tratamento. Apaixonei-me pela forma de trabalho deles e pela humanização no atendimento. Precisava trazer tudo isso para Contagem. Ali começou um novo sonho e um novo projeto: abrir minha clínica capilar DNA Vital dentro do Rob Studio. Capital para isso? Não tinha. Porém, estava decidida e preparada para correr atrás do que fosse necessário para esse novo negócio.

Comecei os atendimentos com a TC e o plano de abertura na Clínica mesmo durante a pandemia, era o momento. Iniciei o curso de pós-graduação em Tricologia, numa faculdade de BH, porque queria muito entender com profundidade meu novo business: couro cabeludo e haste capilar. Foram 6 meses para juntar a quantia e dar entrada na clínica. Financiei uma parte pelo banco e o restante foi na raça e na coragem mesmo. Dia 17 de maio de 2021, inaugurei a Clínica Capilar DNA Vital Roberta Santos, dentro do RS, com atendimento também no meu salão em casa, em Betim.

O RS ganhou mais um serviço, tornei-me tricologista, nem preciso dizer que a clínica hoje é um sucesso, agenda cheia e muitas pessoas com a saúde capilar restaurada e a autoestima resgatada. Ainda trabalho com consultoria de imagem, o que colabora muito no tratamento com meus pacientes de TC. Nunca é só sobre cabelos, existe um ser humano ali, um corpo, uma vida, uma alma que precisa de ajuda.

Sim, sou uma mulher de vários ofícios. O meu propósito maior é reconstruir a autoestima das pessoas, seja pelo cuidado visual ou pelo cuidado com os cabelos. Eu só consegui chegar até aqui porque um dia eu sonhei, acreditei e fiz. E você, já praticou o seu sonho hoje?

24

MULHER, MÃE E EMPREENDEDORA
O QUE TE FALTA?

Uma criança sonhadora. Mesmo com poucas possibilidades e com pais muito ocupados com o trabalho, sonhava com um futuro melhor. Realizou seu sonho, mas a vida adulta espelhava a de seus pais – muito ocupada e quase sem tempo para o filho. Seu interior pedia uma pausa. Mas para mudar, teve que enfrentar o autojulgamento, as críticas externas e o desafio de vencer a falta de tempo da vida que construiu.

Suleima Omar

Contatos
www.portaldatransformacao.com.br
contato@portaldatransformacao.com.br
Instagram: @suleimaomaroficial
Youtube: Suleima Omar
Telegram: https://t.me/portaldatransformaca

Graduada em Administração, com formações em Psicanálise, *Coaching* pelo IBC e Constelação Sistêmica. Participou como aluna especial de um mestrado em Neurociências e Comportamento na USP. Com mais de 20 anos de carreira em grandes empresas, atuou na área de treinamento e desenvolvimento humano e já ministrou mais de 10 mil horas de treinamento. Também possui formações em Terapias Integrativas, além de cursos de Física Quântica, Cura Quântica e Meditação. Em 2019, criou a própria empresa. Hoje vive sua missão como mãe, palestrante e terapeuta sistêmica. Suleima acredita que não há vida plena sem equilíbrio, por isso cuida das competências profissionais, assim como do emocional, do físico e do espiritual.

Era uma tarde de sábado. Sula tinha 5 anos e sentia muita falta do seu pai, que estava na Palestina, onde fora para rever a família, depois de 20 anos no Brasil. Ela não entendia tamanha distância, tampouco a ausência, tinha pesadelos todas as noites. A criança alegre, aos poucos, foi se tornando mais calada. Sua mãe percebeu e, um dia, deixou-a convidar uma amiga para brincar.

Sula escolheu Luana, a menina de olhos azuis, cabelos loiros, filha da vizinha que morava na elegante casa da esquina havia pouco tempo. A mãe, tentando protegê-la, disse: "Essa não, convide outra, nós somos pobres!", ao que Sula respondeu com uma teimosia infantil: "Eu não sou pobre, não!".

Mal sabia ela que essa teimosia lhe faria tão bem. Sula não aceitou essa crença limitante, ao contrário, sonhava alto, apesar das tentativas de proteção da mãe, que batalhava como costureira desde os 16 anos para o sustento da casa alugada.

A família continuou pobre por muito tempo. Seu pai, estrangeiro, voltou da Palestina, mas não arrumava emprego. Era sonhador e tinha espírito empreendedor. Vendeu salgados na rua, cachorro-quente, lanche na esquina, mas sempre desistia e fechava seu negócio, algumas vezes até deixando dívidas.

Suas irmãs começaram a trabalhar com 13 e 14 anos, como secretárias do dentista da escola. Sula tinha só 9 anos quando aprendeu a pegar ônibus e levar a marmita delas, porque a mãe fazia questão que comessem o almoço quentinho.

Era uma das melhores alunas da sala e já sonhava em fazer um curso superior. Aos 15 anos, despertou do sonho quando sua mãe lhe disse: "Filha, suas irmãs começaram a trabalhar cedo, e isso ajuda na renda da casa. Tenho tido pouca costura, então seria bom você também começar. Tenho uma freguesa que está procurando alguém para limpar a casa, por que você não vai?".

Sula estremeceu. Ela sabia a importância daquele ofício, mas almejava mais para o seu futuro. Era tão estudiosa e sentia que poderia fazer algo que lhe desse mais prazer, satisfação e orgulho. Naquele dia, pensou: "eu mesma vou arrumar um emprego".

Na escola, muitos amigos trabalhavam no McDonald's, recém-aberto na cidade, e Sula decidiu se candidatar. Foi assim que iniciou em seu novo emprego. Um ano depois, quando completou 17 anos, foi promovida a assistente de marketing. Motivada pelo emprego e por vislumbrar uma carreira, decidiu cursar Administração. Corajosa, comprou uma moto para se deslocar. Todos os dias, saía às 19h do trabalho e ia direto para a aula, que começava às 19h20.

Sula fez bons amigos no McDonald's, se apaixonou, beijou na boca pela primeira vez – e várias outras depois –, mas seus relacionamentos nunca evoluíam. Quando tinha 22 anos, uma paixão arrebatadora a dominou. Toda a sua força se tornou fragilidade e Sula entrou em uma relação de dependência emocional. Mas ela não notou, parecia tão normal.

O namorado a convidava para sair apenas durante a semana. Fim de semana era dos amigos. Sula compreendia até a resistência dele em conhecer os seus pais. Até que depois de várias traições sofridas e perdoadas, veio o golpe final: ele se casou com outra mulher.

Sula ficou destruída. Sentia-se vítima da situação, ficou depressiva, precisou de medicação. Não entendia que havia aceitado aquele tipo de relacionamento, ao tolerar traições e não colocar limites. Embora tenha se recuperado da depressão, entrou em outros relacionamentos parecidos, até que um deles lhe fisgou por anos.

Naquela época, sua carreira ia de vento em popa. Trabalhou 10 anos no McDonald's, sendo responsável pelo marketing dos cinco restaurantes daquele franqueado, que tanto lhe ensinou. Tinha jornada estendida já que, inicialmente, trabalhava e estudava; quando terminou a faculdade, saía do McDonald's e prestava consultoria de marketing na Microlins, uma rede de cursos profissionalizantes atuante em todo o Brasil, que, mais tarde, convidou-a para ser efetiva. Sem pestanejar, Sula abraçou a oportunidade.

Contudo, estava habituada com aquele ritmo de jornada tripla, e não parou. Trabalhava em horário comercial e, no tempo livre, confeccionava peças de bijuteria, que passou a vender. Então, aos 27 anos, Sula empreendeu. Montou um ateliê, produzia suas próprias peças e vendia. Distribuía para lojas e queria ter uma rede de revendedoras, mas com um ano de empresa já não tinha mais capital. Estava quebrada.

A reviravolta na vida

Aquele era um momento de repensar a vida. Sula não sentia orgulho de si, de seus relacionamentos, de sua carreira. Era como se tudo tivesse desmoronado. Diante do fracasso de sua empresa e sem forças para colocar fim naquele longo relacionamento em que ela sempre era relegada a segundo plano, reuniu todas as suas forças e decidiu se mudar para São Paulo.

Passou por muitas dificuldades. Sentiu medo, fome, foi um período árduo. Até tentou levar a sua pequena empresa de bijuterias, enquanto trabalhava como vendedora no shopping, mas desistiu. Contudo, sentia-se amparada por Deus e encontrou muitos anjos que a acolheram.

Mais uma vez, reuniu todas as suas forças e decidiu retomar a sua carreira. Conseguiu um emprego por um salário quatro vezes maior. Sua vida começava a mudar.

A jornada rumo à realização dos sonhos

O encontro amoroso entre Sula e Paulo foi inesquecível. A história foi parar na revista *Marie Clarie* e mudou a vida de ambos para sempre. Ela comprou o apartamento dele, e o negócio imobiliário se tornou um romance. Paulo, que tinha acabado de vender o imóvel, passou a frequentá-lo para ver sua namorada. Um ano depois, estavam casados.

Aos 35 anos, com uma carreira estável como executiva de uma empresa de cosméticos, Sula treinava equipes e palestrava em todo o Brasil. Amava desenvolver pessoas. Construiu sua casa em um condomínio e conheceu vários países da Europa, os Estados Unidos e a Argentina. Mas ainda faltava algo: ela queria ser mãe.

Acostumada a sonhar e a realizar tudo o que queria, achou que seria simples, mas não foi. Foram muitas tentativas frustradas e exames negativos, até que, depois de um tratamento, o Paulinho chegou, mudando sua vida por completo. Sula tinha 39 anos. Nascia uma mãe.

Quando voltou ao trabalho, veio a grande frustração: treinar e desenvolver pessoas não era mais a sua função. Ela tinha sido transferida. Ali iniciou a busca por autoconhecimento. Formou-se em *Coaching* e passou a estudar física quântica, o que a fez enxergar o mundo de outra maneira.

Preparava-se para sair da empresa, queria ter mais tempo com o seu filho e, para empreender novamente, mas se sentia insegura. Buscava algo que lhe permitisse evoluir na carreira, sem deixar de cumprir o seu papel de mãe, afinal, o Paulinho fora muito desejado.

O impulso aconteceu depois de uma reunião na empresa que a impediu de buscar o seu filho no horário combinado. Pelo aplicativo da escola, Sula viu que seu filho, com apenas 1 ano, tentava insistentemente abrir a porta da saída. Era evidente, ele queria ir para casa. Aquilo partiu o coração.

O empurrãozinho da vida

Após mais de um ano na nova função, Sula foi demitida. Sua respiração ficou suspensa. E agora, o que fazer? Sempre ouvia que as mulheres não podem deixar suas carreiras, que têm de ser independentes. No entanto, ela queria estar mais perto do filho, tinha se preparado para aquele momento; sabia que na primeira infância a presença da mãe é fundamental.

Além disso, para ela, ser mãe não significava ter que abandonar a carreira, mas fazer uma pausa. Durante nove meses, as mães pausam o vinho; por mais de 40 dias, pausam a vida sexual. Em inúmeras noites, pausam o sono. E ao longo da vida, pausam as refeições, a reunião de trabalho, as saídas com as amigas, enfim, mães vivem de pausas. E talvez naquele exato momento era a pausa que ela precisava.

Sula sabia que para empreender precisava se dedicar à empresa a fim de fazê-la crescer. Enxergava no empreendedorismo a possibilidade de conciliar o trabalho e a educação de seu filho, porém estava diante de um impasse: uma empresa demora a dar lucro, e ela teria que abrir mão de muitas crenças para avançar.

Não foi fácil. Abandonar uma carreira de sucesso, deixar o condicionamento de nunca ter ficado sem trabalhar e renunciar a algumas mordomias em casa foram decisões que lhe exigiram muita coragem. Foi preciso passar por cima do orgulho, enfrentando situações que nem imaginava vivenciar.

A ficha caiu quando, em um sábado, voltou do mercado e seu marido lhe questionou por que a compra tinha ficado tão cara, era apenas uma pergunta, mas naquele instante ela sentiu um incômodo, pois estava habituada a ter seu próprio dinheiro e gerenciar seus gastos. Sula sentiu que seria diferente, era preciso aprender a viver com menos, e compartilhar decisões simples com o marido para conseguir equilibrar as finanças. Nessa hora, os cursos de autoconhecimento ajudaram a ressignificar a situação. Não foi fácil. Mas quem falou que seria?

Sula compreendeu que esta era apenas outra maneira de viver como mulher. Assumiu suas novas escolhas e entendeu que aquilo não significava fraqueza, mas era parte do processo. Assim, fez as pazes com o seu feminino e reforçou a busca por conhecimento e autoconhecimento.

Entendeu que, para ter sucesso profissional, não precisaria deixar de lado o seu lar e encarar a dor de deixar o filho na escola por tantas horas. Havia alternativa. A importância do seu papel na maternidade estava clara, ela queria garantir tempo com o seu filho. Mas também queria estar bem e feliz consigo mesma.

Então, começou a meditar. Aos poucos, foi sentindo as mudanças em sua vida. Criou uma rotina para se dedicar aos seus papéis e se tornou especialista em organizar o tempo, aquele que sempre faltava. Agora era ela quem estava no comando.

Sula tirou uma hora do dia para si mesma. Acordava bem cedo, enquanto o marido e o filho ainda dormiam, e iniciou uma rotina matinal que inclui atividade física, meditação e leitura. Passou a sentir a paz e a liberdade de estar apenas consigo mesma, fazendo o que sempre adiou.

Também decidiu tirar uma hora por dia para estar com o seu filho integralmente, sem contar as horas dedicadas aos cuidados como banho ou alimentação. Nesses momentos, aprendeu a abandonar todas as funções do celular que não fosse a câmera para fazer foto dos dois, anotava relatos no diário dele, como os detalhes de seu crescimento e das conversas curiosas, engraçadas e, às vezes, até as dificuldades diárias.

Com isso, teve mais tranquilidade e equilíbrio para trabalhar e se dedicar à empresa, que estava apenas começando. Planejou o seu negócio, definiu os serviços que ofereceria, desenvolveu o próprio site, gravava vídeos para o YouTube, estudava a concorrência e, assim, começou a atender seus primeiros clientes.

Como trabalhava no setor de serviços e em *home office*, não tinha custos fixos que pudessem dar prejuízo, mas ficou sem faturamento por muitos meses. Contudo, tinha criado a rotina dos seus sonhos. Cuidava de si mesma, estava presente na vida do filho e tinha tempo para a sua empresa. Finalmente, havia encontrado o equilíbrio, mesmo com a vida financeira ainda distante do almejado.

Ouvia diversas opiniões contrárias: "Para aumentar o faturamento, você precisa trabalhar mais horas", diziam uns. Outras vezes escutava: "Não pause a vida pelos filhos, eles crescem". Mas Sula estava segura. Sabia que agora se dedicava à empresa com mais produtividade, pois estava feliz e a sua vida estava organizada, com pausas para seu filho que a deixavam muito feliz.

Não levou muito tempo para os resultados aparecerem. As pessoas passaram a questionar como ela dava conta de tudo e ainda tinha tempo para o seu filho. Então, Sula percebeu que poderia ensiná-las a percorrer esse caminho para ter uma rotina equilibrada com tempo para viver.

Resolveu montar seu curso, que ajuda a planejar uma rotina, um negócio, um sonho. Esse é o seu forte: tudo o que sonha realiza porque tem um planejamento. Assim, iniciou essa jornada de cursos para grupos pequenos e, então, passou a atender empresas, dar mentoria, e sua empresa deslanchou.

Ainda em busca de constante evolução, Sula não se acomoda. Sempre se dedica a novos cursos que possam lhe proporcionar mais autoconhecimento e trazer novos conhecimentos. E quando aplica suas palestras, nunca perde a oportunidade de partilhar as importantes lições de sua jornada.

1. Nunca é tarde para mudar de vida. Sula abriu sua empresa aos 40 anos.
2. Sonhar é fundamental. Muitas pessoas deixam de sonhar e de planejar por medo de se frustrar, mas qual o pior que pode acontecer? Se Sula tivesse desistido do sonho de ser mãe, pelas inúmeras tentativas frustradas, não estaria feliz com o seu Paulinho.
3. A maternidade é um papel importante, que não pode ser preterido. É normal querer pausar a vida para cuidar de um novo ser que você gerou e trouxe ao mundo.
4. O tempo é o recurso mais precioso da vida, e deveria ser mais valorizado. E tempo de qualidade significa equilíbrio. Isso permite que você tenha momentos para cuidar de si, da saúde e estar com as pessoas que ama.
5. E sempre que precisar, faça pausas. É na pausa que o vínculo se fortalece e que as histórias se solidificam. Foi no pausar da vida, na doação ao seu filho, que Sula entendeu o que lhe faltava e conseguiu se ver plena ou, mais do que isso, se ver mãe.

25

O VALOR DE SER DIFERENTE

Desde o início da vida, temos a tendência de tentar encaixar todos os seres em um único padrão. O mesmo peso, as mesmas medidas, o mesmo tempo de sono, o mesmo padrão de alimentação. E o quanto se perde com isso? Somos únicos, diferentes e incríveis dentro de nossa particularidade. Enquanto profissionais, o entendimento é justamente o mesmo. Precisamos ser diferentes, profissionais fora da curva, profissionais que, em alguns momentos, são além do que os executivos esperam. Aprendemos que ser diferente tem muito valor.

**TATIANE DE CARVALHO
ANDRADE VITORINO**

Tatiane de Carvalho Andrade Vitorino

Contatos
tatianecarvalhoandrade@gmail.com
LinkedIn: Tatiane Andrade Vitorino
11 98276 4732

Graduada em Secretariado Executivo Bilíngue pela PUC-SP (2008). Especialista em Assessoria Executiva, com mais de 15 anos de experiência em empresas nacionais e multinacionais. No decorrer desses anos, atuando diretamente com gerentes, diretores, CEOs e suas equipes, obteve um repertório gigante. É mãe há 2 anos e isso a fez uma profissional ainda melhor, ainda mais dedicada e atenta.

O que é ser um profissional fora da curva?

Me lembro que, no início da carreira quando dizia que queria ser secretária, ouvia de alguns a pergunta: e precisa estudar para ser secretária? Achei que era somente atender telefone e passar recado. Que engano! Ainda durante o período acadêmico, fomos apresentadas à realidade e ao dinamismo da profissão. São diversas áreas de estudo, administração, economia, direito, projeto, línguas estrangeiras. Cada semana exercendo a profissão mostrava com mais clareza a amplitude do movimento que é ser secretária. Entender sobre documentos e as mais diversas maneiras de fazê-los bem. Entender sobre viagens e buscar com excelência melhores preços, destinos, documentação necessária e, por que não, dicas turísticas. Entender sobre contratação e gestão de funcionários domiciliares, sobre veículos, imóveis, contratos, distratos... E a lista só vai aumentando.

Esse leque gigante de atividades e responsabilidades foi me moldando para ser uma profissional diferente. Sendo dona das minhas habilidades e características pessoais, usando-as para atender de maneira pessoal e excelente cada uma das demandas apresentadas. Uma profissional fora da curva é aquela capaz de encontrar soluções para os mais diversos dilemas e que encontra na profissão a realização pessoal de tornar o mundo melhor. Tijolo a tijolo, vamos construindo relações de apreço, confiança e segurança em deixar cada vez mais nossa marca em cada profissional que temos a honra de atender.

Minha história tem alguns capítulos bem interessantes. Sou a filha caçula de uma família de classe periférica. Meu pai nunca concluiu os estudos. Não era chegado aos livros e às funções intelectuais. Minha mãe, uma leitora nata, com um espírito construtivo, sempre disponível a servir e aprender sobre os mais diversos assuntos. Aliás, minha paixão pelo secretariado vem dela. Sempre tivemos uma vida muito simples. Minha mãe decidiu sair do emprego de seus sonhos no Banco após meu nascimento. Ela não queria perder a primeira infância e quem ganhou demais fomos eu e minha irmã. A situação financeira era apertada, mas sobravam livros e papéis usados para treinarmos habilidades de leitura e escrita. Quando eu tinha 10 anos, minha mãe voltou a trabalhar fora e dessa vez como professora infantil. Nas brincadeiras dentro de casa, revezávamos sempre entre escolinha e secretária, atendendo ao chefe e preparando as reuniões.

Os anos seguintes nos reservavam dificuldades e situações capazes de nos marcar para sempre. Tivemos que lidar com alcoolismo, acidentes, perda de emprego, quadros depressivos, violência e muita dificuldade financeira. Vi minha mãe se desdobrar fazendo "bicos", trabalhando muito para que não nos faltasse nada. Eu sabia que precisava fazer algo. Aos 14 anos, passei no "vestibulinho" da ETEC e meu coração vibrou com essa pequena grande conquista. Era o início de um grande sonho e a faísca de esperança que eu conseguiria chegar a algum lugar. No mesmo dia que iniciaram as aulas, comecei meu primeiro estágio. Era um órgão público que precisava de muita mão de obra e contratou mais de 100 estagiários para digitação de documentos. Porém, eu não fui para o grupo da digitação. Me colocaram em um departamento para auxiliar o gestor com agendas, telefonemas, faxes e controles. Foi minha primeira experiência como secretária.

Eu não sabia praticamente nada, mas sempre tive muita vontade em aprender e servir. Então, me dispunha sempre a ajudar quem precisasse. Servia café, anotava recados, buscava e levava encomendas e documentos, aprendi tudo que pude da área. E tive a oportunidade de ser efetivada para atuar diretamente com o novo gestor contratado para a área. Me vi entrando de cabeça no mundo do secretariado. Entrei na faculdade em 2005 e cresci diariamente. Fui aproveitando cada uma das oportunidades que surgiram e fui trabalhar em um Cartório de Imóveis, com a expectativa de atender diretamente aos diretores do cartório e com mais atribuições secretariais. Um ano depois, percebi que queria mais e comecei a me inscrever para vagas de estágios na indústria farmacêutica. Eu sabia que lá teria grandes chances de crescer e aprender. Foram meses a fio andando por São Paulo inteira, fazendo inúmeras entrevistas e testes. Estudando muito inglês, pois sabia que seria um grande diferencial. Me dediquei muito e realizei o grande sonho de entrar na Novartis. Que alegria! Eu não cabia em mim. Conheci gente inteligente demais. Aprendi tudo que pude com grandes profissionais do secretariado. Aprimorei conhecimentos, firmei relacionamentos e aprendi que poderia dar sempre mais, que minhas experiências e vivências poderiam ser úteis e que, mesmo que "não tivesse nada a ver com a função", minha disponibilidade poderia beneficiar e muito o trabalho que estava entregando. Fossem as habilidades para fazer laços de fita, a facilidade em obter informações e buscar soluções de casos difíceis. Houve necessidades bem fora da curva para lidar com *budget* baixo e um evento a realizar. Fosse a experiência em lidar com grupos ou a facilidade em lidar com as emoções e estar sempre disponível para atender o que quer que precisassem de mim. E foi incrível. Meu estágio estava prestes a terminar e recebi uma excelente oportunidade para secretariar em um *pool* em um grande escritório de advocacia. Era uma mudança imensa. Um nicho completamente diferente, funções e exigências bem diferentes e fui sendo moldada e me colocando à disposição para as mais diversas maneiras de crescer e aprimorar. A vida pessoal seguia complicada. Meu pai tinha sérios problemas com o alcoolismo, era duro demais viajar por São Paulo – da zona Leste à Zona Sul e Zona Oeste – diariamente e ainda lidar com tanta destruição causada em meu lar. Ver minha mãe definhando de tristeza. Eu não podia ceder, eu precisava sustentar a família, precisava me formar, precisava dar condições melhores de vida. E assim fui experimentando diariamente sobre resiliência, paciência, constância, estudos e dedicação em dar meu melhor. Com muitas lutas pessoais e desafios, consegui me formar em 2008. Com honras e elogios de todos os professores. Uma conquista sem precedentes. A primeira e única da minha casa a conseguir me formar em uma grande universidade.

Meu objetivo em sempre aprender mais e contribuir mais foi me levando para outros rumos profissionais. Fui para uma grande multinacional para atender ao Diretor de Supply Chain do McDonald's. Me sentia parte de algo grande, verdadeiramente contribuindo com o dia a dia, usando todas as minha habilidades para que tudo caminhasse no ritmo e organizado. Até mesmo minhas habilidades musicais foram parte dessa trajetória, quando meu chefe pediu para cantar num jantar de confraternização do Board Latin America. Foi um aprendizado incrível. Usando inglês e espanhol sempre que tinha a oportunidade. Vi que de fato todos os esforços em ser autodidata e fazer cursos gratuitos haviam me levado para um lugar incrível. Era um grupo muito diverso e tive a chance de melhorar ainda mais minhas habilidades interpessoais que me prepararam para um grande desafio: ser assistente pessoal e profissional de um advogado extremamente ativo, desafiador, de perfil expansivo. Foi incrível me dedicar exclusivamente nos cuidados de agenda, reuniões, viagens e eventos, além de toda rotina pessoal com casas, aluguéis, filhos, esposa, funcionários, empresas. Fui usando habilidades desenvolvidas ao longo dos muitos anos atendendo pessoas e núcleos tão diversos. Pude me redescobrir como pessoa. O quanto precisava estar sempre disponível e como isso faz total diferença para o profissional que precisa de uma secretária.

Muitas vezes essa disponibilidade é para responder a uma simples pergunta que vai solucionar um "mistério" durante o almoço de sábado. Às vezes essa disponibilidade será para acolher a chateação de um documento perdido e que pode ser reemitido tomando simples passos. Em outros momentos, essa disponibilidade toma forma de humanidade ao consolar a perda de entes queridos e tomando as providências burocráticas possíveis para que a família possa lamentar primeiro e pensar depois. Essa disponibilidade em descobrir como fazer pequenos milagres para que o dia a dia funcione bem.

Nos últimos 15 anos, descobri que boa parte do meu trabalho se modifica diariamente. Tem a ver com o equilíbrio das mais diversas funções e necessidades. Tem a ver com pensar fora da caixa, com disponibilidade para fazer tarefas e criar soluções que não nos ensinam em faculdades ou cursos. Tem a ver com a prática diária da empatia, de seriedade e profissionalismo, com respeito e bom humor.

Completando minha jornada, tenho atendido um novo desafio nos últimos três anos. E confesso que esse tem sido o mais exigente de todos, o que me fez de verdade pensar fora da caixa, criar estratégias, diversificar campos de estudos e elaborar soluções em meio a adversidades. Minha pequena Liz trouxe muitas mudanças em minha vida. Tive que encontrar o equilíbrio entre vida pessoal e profissional; toda disponibilidade que tinha somente para os chefes, hoje tem que ser dividida com minha pequena chefinha. E sim, isso é incrível; perfeitamente possível de fazer dar certo. Exige perseverança, atitude, resiliência, sabedoria e muito esforço, mas é igualmente compensatório. Me orgulho muito de toda minha história até aqui e quero deixar um legado para minha filha. É possível reescrever nossas histórias. É possível realizar sonhos. É possível sermos únicos. E vale a pena cada luta enfrentada, pois isso nos faz mais fortes.

26

EM TODO DESAFIO HÁ UM APRENDIZADO

Neste capítulo, vou contar um pouco sobre os maiores desafios de minha vida e como superei uma doença crônica.

VALÉRIA MARIA TONEGUTTI CARUSO

Valéria Maria Tonegutti Caruso

Contatos
www.harmonizaconcept.com
contato@harmonizaconcept.com
Instagram: @harmoniza_concept
Facebook: @conceptharmoniza

Psicanalista pela IBPC Campinas (2020), com pós-graduação em Medicina Tradicional Chinesa (CEFAC/FACEI). Analista comportamental e *master coach* pela FEBRACIS. Graduanda em Biomedicina (Unimetrocamp Wyden). Pós-graduanda em Psicologia Transpessoal (Humanitatis) e em Acupuntura Avançada (EBRAMEC). Especialista em Acupuntura Oncológica e em Inteligência Emocional. Meu diferencial é olhar para a pessoa como um todo, no qual a emoção e a mente estão conectadas. Sou apaixonada pelo desenvolvimento humano.

Quando olho para o meu passado, vejo que venho vivendo uma história de superação da qual tirei algumas lições. Tenha fé e esperança de dias melhores, pois temos habilidades internas para enfrentarmos tudo o que quisermos.

Passei por desafios relacionados a minha saúde, perdas, abuso, e consegui superar cada um deles. Alguns demoraram anos para entender qual era o aprendizado que eu deveria tirar daquilo.

Entendi que nada acontece por acaso. Nem as pessoas conhecemos por acaso. Se algo está acontecendo, a pergunta que faço é: "o que eu tenho que aprender com isso?". É assim que evoluímos e nos desenvolvemos.

O poder da fé

Tenho um diagnóstico de uma doença crônica, epilepsia, desde os meus 10 anos. E não deixei a doença me vencer, eu venci a doença. Foi necessário usar medicações, mas não perdi a fé de dias melhores.

A fé é necessária, é ela que nos dá esperança de dias melhores. Por meio dela, compreendemos o mundo, vislumbramos o extraordinário. Nos dá coragem e segurança para enfrentarmos a vida e acreditar que tudo é possível.

Foram 38 anos de medicações, e tudo que queria era me ver livre disto, mas por várias vezes esse desejo era frustrado. Isso somente enraizou a minha fé de que em algum momento eu conseguiria.

A fé é um fenômeno que não demanda provas materiais. Pode estar ligada a razões ideológicas, emocionais, religiosas. Pode ser cega, nascer de uma confiança a algo ou a alguém. Pode estar ligada ao catolicismo e ao espiritismo, ou pode caminhar com a Ciência e a Filosofia. Ela não nasce de um milagre, é o milagre que nasce da fé. Por isso precisamos edificá-la, ter confiança, coragem e ouvir nossa intuição.

Por vários momentos precisei ter fé, principalmente naqueles que tinham maior exigência ou naqueles em que me cobrava demais e achava que tudo era difícil, não conseguindo enxergar a facilidade ou o aprendizado.

Durante a minha infância tinha crises convulsivas constantes. Sentia, vivia e respirava medo, pois não sabia o que estava acontecendo. O desconhecido gera medo. Eram dias de incerteza e insegurança. Tinha as minhas limitações e fiquei brava com o mundo e com Deus, além de me perguntar o porquê de isso estar acontecendo. Para tudo na vida temos problemas e dificuldades, e é por meio deles que crescemos e nos desenvolvemos. Naquele momento, o meu aprendizado era: ter fé.

Aos meus 15 anos, perdi meu pai. A vida estava me pedindo para crescer. Entendi nesse momento o poder da palavra. Mas como sobreviver?

"Sempre sobrevivemos, não importa qual o problema".

Pouco tempo depois, perdi minha avó. Estava ao seu lado quando ela percebeu que sua vida estava se esvaindo, e fez uma prece: "Por favor, minha Nossa Senhora, não me leve, preciso terminar de cuidar das minhas netas".

Entender a dor da morte é um exercício para dia após dia. Precisei me reconectar com Deus e com a minha fé, pois eu nem havia superado a morte do meu pai e estava lá encarando-a novamente. O entendimento veio anos após ao estudar a doutrina espírita.

O poder do perdão

Foi nesse momento também que sofri abuso. Durante toda a minha vida me culpei e me puni por isso. Aos poucos, com a ajuda de terapia, deixei o peso da situação diminuir dentro de mim. Resolvi esse problema internamente, e a melhor maneira para deixar ir é a prática do perdão.

Perdoar não é fácil, mas é importante, pois nos livra de maus sentimentos como rancor, raiva e vingança. Quando temos sentimentos negativos, eles dominam o nosso ser, o nosso pior se manifesta, e assim desencadeia problemas físicos e psíquicos a nós e aos que nos cercam. Para perdoar, precisamos curar feridas internas, trabalhar as emoções, mas nada como um passo de cada vez.

Me libertei. E foi nesse momento que senti o amor mais vivo em mim; quando ficamos magoados ou ressentidos, limitamos as nossas possibilidades de amar e de ser amado. O perdão é uma oportunidade para deixar os acontecimentos irem, se curarem. É uma ação libertadora que simboliza inteligência emocional e amadurecimento.

Temos que entender que somos responsáveis pela vida que vivemos, por isso temos que aprender a não colocar tanto peso nas situações. Quando comecei a deixar essa situação ir, minha vida mudou para melhor. Nós não conseguimos modificar o passado apesar de sempre querermos. O que aconteceu, aconteceu, então siga em frente por mais difícil que seja.

O poder da palavra

Em 2010, fraturei a patela. Lembro-me do fisioterapeuta dizer: "possivelmente você ficará manca" e "alguns movimentos você nunca mais poderá fazer". Naquele momento, balancei a cabeça e não absorvi essas falas. Enfrentei todo o processo sem perder a motivação.

Me arrisquei guiada pela minha intuição em resistir à palavra "nunca". Sem me forçar e com consciência, obtive o fortalecimento necessário para realizar os movimentos que foram proibidos. A falta de significado da palavra "nunca" tem uma história pessoal – um dia antes de minha avó falecer, sentei-me em sua cama e conversamos inclusive sobre morte, acabei dizendo: "Vó, nunca mais quero ir a um velório".

Eu não sabia o tamanho do poder da palavra, descobri ao estudar sobre isso anos depois. Fui ao velório e enterrei minha avó no dia seguinte, ao mesmo tempo que a palavra nunca era ressignificada em meu vocabulário.

Depois do meu acidente, quando falaram que eu nunca mais poderia fazer certas coisas, isso soou como um desafio. Repetia isso na minha cabeça até que disse: "eu, manca, jamais." Foi um trabalho contínuo, multiprofissional e dolorido, mas consegui, venci.

Quando meu pai faleceu, também entendi sobre o poder da palavra. Ele tinha o hábito de pronunciar que não passaria dos 41 anos, pois seus pais não conseguiram. Declarou isso por anos, e foi o que aconteceu.

"A palavra tem poder, então tome cuidado com o que você pronuncia".

Anos mais tarde, em meu escritório, percebi que algo de errado estava acontecendo com minha visão. Fui ao oftalmologista, durante a consulta, ele perguntou: "Que letra você vê?", eu respondi: "Você está brincando, não tem nada!". Sabe quando fazemos aquele exame oftalmológico e o médico coloca as letras em sua frente? Foi colocada uma letra E, a maior de todas, e eu não enxerguei. O pensamento que veio a minha mente: "Estou cega, e agora?".

Nesse momento também entendi o poder da palavra. Dias antes estava em oração e, em conversa íntima com Deus, eu disse: "Senhor, se eu estiver errada, prefiro ficar cega". Imagine o grau do meu desespero naquele momento? Se a palavra já tem poder, imagine ela dita em oração. Não precisamos de provas ou sinais. Eles estão sempre entre nós, somente depende de nossa percepção com o momento.

O diagnóstico foi de descolamento de retina. Fiz uma cirurgia e recuperei a minha visão, que era de 1% e voltou a 100% em dois meses.

Precisamos entender e ouvir nossa intuição. Acredito que temos sinais para tudo, e que podem nos auxiliar em nosso processo. Saber sentir, ouvir e entender o "aqui e agora" é instrumento divino, por isso "estejam presentes", isso lhe dará sabedoria para sua sobrevivência.

Não achem que a epilepsia se curou, ela estava controlada. Mas por que disse que venci essa doença? Porque sempre foi o meu desejo. Desejei tão firmemente que aconteceu.

O poder do pensamento positivo e do foco

Em 2019, comecei a sentir muita falta de ar, mal conseguia subir as escadas de casa, além de ter muitas câimbras. Estava no começo de uma intoxicação medicamentosa. Eram os medicamentos de epilepsia que estavam me intoxicando. A única solução seria aboli-los. Foram 38 anos de medicação, e eu não entendia como poderia ficar sem ela. Eu estava dependente química e emocionalmente dela.

Quando comecei a fazer o desmame, foi horrível. Tive alucinações, insônia, depressão, desejo de morrer – preferia a morte a passar por aquela situação.

Foi um ano de grande busca, procura, que não terminava, que me desestabilizou, me bagunçou, me tirou da zona de conforto. Repensei vários conceitos, o que fez eu fortalecer a minha fé. Investi na minha saúde mais do que o normal. Tudo em segredo – apenas eu e o meu médico sabíamos. Minha família somente veio a saber no final desse processo. É difícil, mas não é impossível.

Tive profissionais maravilhosos me auxiliando, não me deixaram um só momento, apesar de me sentir sozinha. Venci a solidão, me tornando a minha melhor amiga.

Quando entendemos que quem controla a nossa mente somos nós, temos mais clareza e maior discernimento das situações. O pensamento positivo e o foco também são essenciais para esse processo. Podemos conquistar o que quisermos, pois o poder está em nossas mãos; para ter sucesso, precisamos eliminar os pensamentos negativos. A melhor notícia é que o otimismo não é um dom que nasce conosco, e sim uma habilidade a ser desenvolvida. Você também consegue ter atitude ou pensamento positivo. Ser otimista, acreditar em dias melhores, é direcionar a nossa vida para a felicidade, aconteça o que acontecer. É uma grande vontade de vencer e de não ser vencido. O otimista vê a oportunidade em cada dificuldade. Busca em cada desafio uma valiosa lição. Não se culpa, não se desespera, tem paciência e assume o controle de suas emoções.

O pensamento positivo reduz nossas crenças limitantes, que são freios para um grande acontecimento. O bom de toda história é que se torna hábito, e sua vida acaba mudando para melhor.

Ao mesmo tempo que passava por esse processo, resolvi estudar. Senti que esse era o caminho. O meu primeiro curso foi de psicanálise, com ele busquei entender as minhas emoções e me autoanalisar.

Me apaixonei, vivo e respiro medicina chinesa. Eu não sei dizer se entrei na medicina chinesa ou ela entrou em mim. Aos 48 anos, descobri o meu propósito. Por isso se pergunte sobre o seu propósito. Caso não saiba ainda, em um momento você descobrirá.

Nós gostamos de estar no controle de tudo e de todos. E o maior aprendizado que tive nesse momento é que não temos o controle de nada. O controle só a Deus pertence.

Quando uma pessoa precisa de cura, nem sempre o conhecimento médico é suficiente. Posso dizer isso, pois o médico que me ajudou, além de usar o seu conhecimento técnico, conseguiu ver as dores da minha alma. Ter um olhar para a pessoa como um ser integral é essencial. Somos mente, corpo e espírito, e temos uma vida sistêmica; quando um pilar de nossa vida não está bom, todos começam a declinar.

O desenvolvimento completo acontece quando deixamos ir por completo certos traumas. Vem quando paramos de contar histórias para nossa mente. Quando acreditamos mais em nós mesmos e começamos a ter uma mente positiva.

A nossa mente tem uma queda por situações negativas. Ela gosta de ver e ouvir sobre o negativo – isso não sou eu que estou falando é a neurociência. Mas quando modificamos os padrões de pensamentos, nós conseguimos aquilo que é impossível, basta acreditar. Acreditar que é possível, não é impossível. Impossível só vai ser na sua vida o que os seus desejos e pensamentos deixarem, por isso a necessidade de mudar esses padrões.

Depois de tanto aprendizado, eu consigo somente agradecer a cada momento. Tudo tem seu momento, então aproveite a fase ou a dificuldade para entender que em todo desafio há um aprendizado, basta você entender o que e como você tem que aprender e desenvolver. É muito íntimo o processo para cada um. A sua jornada é sua, e não do outro. Não precisamos passar por julgamentos internos e externos. Precisamos somente viver.

Eu assumi a responsabilidade pela minha vida. Vivi anos com problemas de saúde e resolvi que isso não faria mais parte de mim. Comecei a fortalecer a minha saúde, a entender sobre saúde. Entendi que temos que comunicar a saúde para o corpo. Se comunicar doença ao seu corpo, é isso que vai ter. Mas se comunicar saúde, vai ter saúde. Vai depender da sua comunicação e da sua vontade.

Comuniquei ao meu corpo que queria viver sem medicações há mais de 20 anos. Naquele momento, eu precisava da medicação, mas continuei comunicando o que desejava e declarava que queria saúde. E foi isso que aconteceu.

Precisei passar por um processo de crescimento, de desenvolvimento, e buscar auxílio médico para conseguir. Tudo isso foi essencial para estar no lugar que estou hoje – o de poder gritar ao mundo:

"Eu venci a doença, e ela não me venceu".

Faz 3 anos que não tomo nenhuma medicação para epilepsia, contrariei a maioria dos meus médicos, e tenho uma vida normal. Hoje consigo auxiliar os pacientes que me procuram para buscar saúde.

Se eu consegui ou se alguém conseguiu, você também consegue. Temos poderes que desconhecemos e mal utilizamos. O segredo é como usá-los.

Não tem jornada mais fácil ou mais difícil. A sua jornada somente será difícil se você assim crer. Desafios e dificuldades todos têm, então foque em seu objetivo e seu desejo, tenha uma mente positiva, acredite e tenha fé.

Tenho certeza de que você, que está lendo este capítulo, conseguirá vencer os seus desafios.

"Então seja forte e corajoso(a)"!